N1 文法

Preparation for
The Japanese Language Proficiency Test

45日間で完全マスター

日本語能力試験対策

N1 文法

総まとめ

三修社

＜本書の目的＞

本書は日本語能力試験N1に出題される文法をマスターすることを目的としています。N1合格を目指す方、仕事などの目的でN1レベルの文法を身につけたい方、日本語の知識としてN1文法を勉強しておきたいという方など、様々な目的・目標をもった方々に、独習用の教材として利用していただけます。特に、日本語能力試験を受験される方々には、単に文法書としてではなく、聴解や読解の問題を解くうえで必要となる「日本語能力の基礎を確認する参考書」としてとらえていただき、合格のカギとしてご活用いただければと思います。9週間で本書をしっかりとマスターし、ぜひN1の確実な合格へとつなげてください。

＜本書の特長＞

■英語と中国語でサポート

各機能語には、簡潔な説明と例文をあげました。もちろん、日本語のみで十分におわかりいただけると思いますが、より理解を深める目的で、各機能語の意味に加えて一つ目の例文には英語と中国語の解説をつけてあります。特に独学で本書を利用なさる方はぜひご活用ください。

■1日3〜5の機能語、9週間の計画学習

本書ではN1文法を1日に3〜5ずつわかりやすく配列しました。1週間5日、全9週間で終了できるように構成し、類似した表現と比べながら、効率よく進めていただけます。また、自分で確認しながら学べるように、目次には「学習記録」を設けました。

■N１文法だけでなく他の重要表現も掲載
N１の文法だけではなく、使用度や出題度の高い機能語もピックアップ。第１週〜６週ではN１文法、７週〜９週はそれ以外の機能語や敬語表現を取り上げました。それらをマスターすることで、試験対策としてだけではなく、より確実に幅広くN１レベルの実力をつけることができます。

■文字・語彙も確認しながら文法に集中
本書に出てくる例文や確認問題の文のN５・N４相当漢字以外には、すべてふりがなをつけました。そのため、文字・語彙の確認に時間をとられることなく、文法に集中してスムーズに勉強が進められます。（ただし、できる限りふりがなに頼らず読めるようにしましょう）

■勉強したら問題で確認
１日の勉強が終わったら、その後に確認テストがあります。実際に理解できたかどうかをチェックしながら進めてください。間違えてしまった項目については、マスターするまで何度でも確認しましょう。

第1週 week1

学習記録

1日目……16　　月　日　／12点

- 〜が早いか …………………………………………………… 16
- 〜そばから …………………………………………………… 17
- 〜なり ………………………………………………………… 18
- 〜や否や／〜や ……………………………………………… 19
- ●確認テスト ………………………………………………… 20

2日目……22　　月　日　／8点

- 〜かたがた …………………………………………………… 22
- 〜かたわら …………………………………………………… 23
- 〜がてら ……………………………………………………… 24
- ●確認テスト ………………………………………………… 25

3日目……26　　月　日　／8点

- 〜ところを …………………………………………………… 26
- 〜にあって …………………………………………………… 27
- 〜に至る／〜に至るまで／〜に至って／〜に至っては／〜に至っても ……… 28
- ●確認テスト ………………………………………………… 29

4日目……30　　月　日　／8点

- 〜てからというもの ………………………………………… 30
- 〜を皮切りに／〜を皮切りにして／〜を皮切りとして ……… 31
- 〜を機に ……………………………………………………… 32
- ●確認テスト ………………………………………………… 33

5日目……34　　月　日　／8点

- 〜が最後 ……………………………………………………… 34
- 〜を限りに …………………………………………………… 35
- 〜をもって …………………………………………………… 36
- ●確認テスト ………………………………………………… 37

第2週 week2

学習記録

1日目……38　　月　日　／12点

- ～きらいがある …………………………………………… 38
- ～ずくめ …………………………………………………… 39
- ～まみれ …………………………………………………… 40
- ～めく／～めいた ………………………………………… 41
- ●確認テスト ……………………………………………… 42

2日目……44　　月　日　／12点

- ～っぱなし ………………………………………………… 44
- ～つ～つ …………………………………………………… 45
- ～ながらに／～ながらの ………………………………… 46
- ～ながらも ………………………………………………… 47
- ●確認テスト ……………………………………………… 48

3日目……50　　月　日　／8点

- ～と相まって／～と相まった …………………………… 50
- ～にかかわる ……………………………………………… 51
- ～に即して／～に即しては／～に即しても／～に即した …… 52
- ●確認テスト ……………………………………………… 53

4日目……54　　月　日　／8点

- ～ともなく／～ともなしに ……………………………… 54
- ～をものともせず ………………………………………… 55
- ～をよそに ………………………………………………… 56
- ●確認テスト ……………………………………………… 57

5日目……58　　月　日　／8点

- ～からある／～からの …………………………………… 58
- ～ごとき／～ごとく ……………………………………… 59
- ～というもの ……………………………………………… 60
- ●確認テスト ……………………………………………… 61

第3週 week3

学習記録

1日目 ……62　　月　日　／12点

- ～たる …………………………………………………… 62
- ～と思いきや …………………………………………… 63
- ～ともあろう …………………………………………… 64
- ～ともなると／～ともなれば ………………………… 65
- ●確認テスト …………………………………………… 66

2日目 ……68　　月　日　／12点

- ～たところで …………………………………………… 68
- ～としたところで／～としたって／～にしたところで／～にしたって ……… 69
- ～とはいえ ……………………………………………… 70
- ～にして ………………………………………………… 71
- ●確認テスト …………………………………………… 72

3日目 ……74　　月　日　／12点

- ～ではあるまいし／～じゃあるまいし ……………… 74
- ～ならいざしらず ……………………………………… 75
- ～ならでは／～ならではの …………………………… 76
- ～なりに／～なりの …………………………………… 77
- ●確認テスト …………………………………………… 78

4日目 ……80　　月　日　／12点

- ～というところだ／～といったところだ …………… 80
- ～にたえる ……………………………………………… 81
- ～にたえない …………………………………………… 82
- ～に足る ………………………………………………… 83
- ●確認テスト …………………………………………… 84

5日目 ……86　　月　日　／12点

- ～ときたら ……………………………………………… 86
- ～とは …………………………………………………… 87
- ～まじき ………………………………………………… 88
- ～ものを ………………………………………………… 89
- ●確認テスト …………………………………………… 90

第4週　week4

1日目 ……92　　　月　日　／12点

- ～こそあれ ……………………………………………………… 92
- ～こそすれ ……………………………………………………… 93
- ～てこそ ………………………………………………………… 94
- ～ばこそ ………………………………………………………… 95
- ●確認テスト …………………………………………………… 96

2日目 ……98　　　月　日　／8点

- ～すら／～ですら ……………………………………………… 98
- ～だに …………………………………………………………… 99
- ～たりとも ……………………………………………………… 100
- ●確認テスト …………………………………………………… 101

3日目 ……102　　　月　日　／8点

- ～ことなしに／～ことなしには ……………………………… 102
- ただ～のみ／（ひとり）～のみ ……………………………… 103
- ただ～のみならず／（ひとり）～のみならず ……………… 104
- ～なくして（は） ……………………………………………… 105
- ～なしに／～なしには ………………………………………… 106
- ●確認テスト …………………………………………………… 107

4日目 ……108　　　月　日　／8点

- ～あっての ……………………………………………………… 108
- ～とあれば ……………………………………………………… 109
- ～ないまでも …………………………………………………… 110
- ～までもない／～までもなく ………………………………… 111
- ～をおいて ……………………………………………………… 112
- ●確認テスト …………………………………………………… 113

5日目 ……114　　　月　日　／12点

- ～いかんだ／～いかんで／～いかんによって／～いかんでは／
　　　　　　　　　　　～いかんによっては ………… 114
- ～いかんによらず／～いかんにかかわらず／～いかんを問わず ……… 115
- ～といえども …………………………………………………… 116
- ～をもってすれば ……………………………………………… 117
- ●確認テスト …………………………………………………… 118

第5週 week5

学習記録

| 1日目 ……120 | 月　日　／8点 |

- ～だの～だの ……………………………………………………… 120
- ～といい～といい ………………………………………………… 121
- ～といわず～といわず …………………………………………… 122
- ●確認テスト ……………………………………………………… 123

| 2日目 ……124 | 月　日　／12点 |

- ～（よ）うが／～（よ）うと …………………………………… 124
- ～（よ）うが～まいが／～（よ）うと～まいと ……………… 125
- ～であれ／～であれ～であれ …………………………………… 126
- ～なり～なり ……………………………………………………… 127
- ●確認テスト ……………………………………………………… 128

| 3日目 ……130 | 月　日　／12点 |

- ～こととて ………………………………………………………… 130
- ～とあって ………………………………………………………… 131
- ～べく ……………………………………………………………… 132
- ～ゆえ／～ゆえに／～ゆえの …………………………………… 133
- ●確認テスト ……………………………………………………… 134

| 4日目 ……136 | 月　日　／8点 |

- ～とばかりに ……………………………………………………… 136
- ～んがため／～んがために／～んがための …………………… 137
- ～んばかりだ／～んばかりに／～んばかりの ………………… 138
- ●確認テスト ……………………………………………………… 139

| 5日目 ……140 | 月　日　／8点 |

- ～にとどまらず …………………………………………………… 140
- ～にひきかえ ……………………………………………………… 141
- ～にもまして ……………………………………………………… 142
- ～はおろか ………………………………………………………… 143
- ～もさることながら ……………………………………………… 144
- ●確認テスト ……………………………………………………… 145

第6週 week6

1日目 ……146　　　月　日　／12点

- 〜かぎりだ ……146
- 〜極まる/〜極まりない ……147
- 〜の至り ……148
- 〜の極み ……149
- ●確認テスト ……150

2日目 ……152　　　月　日　／12点

- 〜ないではおかない/〜ずにはおかない ……152
- 〜ないではすまない/〜ずにはすまない ……153
- 〜てやまない ……154
- 〜を禁じ得ない ……155
- ●確認テスト ……156

3日目 ……158　　　月　日　／12点

- 〜しまつだ ……158
- 〜にかたくない ……159
- 〜ばそれまでだ/〜たらそれまでだ ……160
- 〜までだ/〜までのことだ ……161
- ●確認テスト ……162

4日目 ……164　　　月　日　／12点

- 〜（よ）うにも〜ない ……164
- 〜でなくてなんだろう/〜でなくてなんであろう ……165
- 〜ないものでもない/〜ないでもない ……166
- 〜にあたらない/〜にはあたらない ……167
- ●確認テスト ……168

5日目 ……170　　　月　日　／12点

- 〜といったらない/〜といったらありはしない/
　　　　　〜といったらありゃしない ……170
- 〜べからず/〜べからざる ……171
- 〜を余儀なくさせる ……172
- 〜を余儀なくされる ……173
- ●確認テスト ……174

第7週　week7

学習記録

1日目　……176　　月　日　／8点

- （あやうく）〜ところだった ……………………………… 176
- いかに〜か …………………………………………………… 177
- いざ〜となると ……………………………………………… 178
- ●確認テスト ………………………………………………… 179

2日目　……180　　月　日　／8点

- 一概に（は）〜ない ………………………………………… 180
- 〜かというと（〜ない） …………………………………… 181
- 〜ぐらい（くらい）なら …………………………………… 182
- ●確認テスト ………………………………………………… 183

3日目　……184　　月　日　／12点

- 〜ことだし …………………………………………………… 184
- 〜ことはないにしても ……………………………………… 185
- さすがの〜も ………………………………………………… 186
- さぞ〜（こと）だろう ……………………………………… 187
- ●確認テスト ………………………………………………… 188

4日目　……190　　月　日　／12点

- 〜ずじまいだ ………………………………………………… 190
- 〜そうもない／〜そうにない ……………………………… 191
- 〜たことにする ……………………………………………… 192
- 〜たつもりだ／〜たつもりだった ………………………… 193
- ●確認テスト ………………………………………………… 194

5日目　……196　　月　日　／12点

- 〜たら〜たで ………………………………………………… 196
- 〜た拍子に …………………………………………………… 197
- てっきり〜かと思っていた ………………………………… 198
- 〜てでも ……………………………………………………… 199
- ●確認テスト ………………………………………………… 200

第8週 week8

学習記録

1日目 ……202 月 日 ／8点

~て何よりだ ……………………………………………………………… 202
~ては…、~ては… ……………………………………………………… 203
~てはかなわない ………………………………………………………… 204
●確認テスト ……………………………………………………………… 205

2日目 ……206 月 日 ／8点

~手前 ……………………………………………………………………… 206
~てまで …………………………………………………………………… 207
~てみせる ………………………………………………………………… 208
●確認テスト ……………………………………………………………… 209

3日目 ……210 月 日 ／8点

~ても差し支えない ……………………………………………………… 210
~ても~きれない／~きれるものではない ………………………… 211
~ても始まらない ………………………………………………………… 212
●確認テスト ……………………………………………………………… 213

4日目 ……214 月 日 ／12点

~というよりむしろ ……………………………………………………… 214
~ときまって ……………………………………………………………… 215
~とみられる ……………………………………………………………… 216
~ないとも限らない ……………………………………………………… 217
●確認テスト ……………………………………………………………… 218

5日目 ……220 月 日 ／12点

~に言わせれば …………………………………………………………… 220
~に限ったことではない ………………………………………………… 221
~に越したことはない …………………………………………………… 222
~のなんの ………………………………………………………………… 223
●確認テスト ……………………………………………………………… 224

第9週　week9

学習記録

1日目 ……226　　月　日　／8点

- 〜のももっともだ …… 226
- 〜ばきりがない …… 227
- 〜ほうがましだ …… 228
- 〜べくもない …… 229
- 〜まいとして …… 230
- ●確認テスト …… 231

2日目 ……232　　月　日　／8点

- 〜まま/〜ままに …… 232
- 〜ものとする/〜ものとして …… 233
- よく（も）〜ものだ …… 234
- 〜よし …… 235
- 〜を経て …… 236
- ●確認テスト …… 237

3日目 ……238　　月　日　／8点

- 受身（うけみ）…… 238
- 使役（しえき）…… 239
- 使役受身（しえきうけみ）…… 240
- ●確認テスト …… 241

4日目 ……242　　月　日　／8点

- お/ご〜になる …… 242
- 〜れる・〜られる …… 243
- 接頭語（せっとうご）…… 244
- ●確認テスト …… 245

5日目 ……246　　月　日　／8点

- お/ご〜する …… 246
- 〜（さ）せていただく …… 247
- その他（た）…… 248
- ●確認テスト …… 249

＜索引（さくいん）＞ …… 250

＜本書の構成と使い方＞　Structure and How to Use of This Book / 本书的结构和用法

●全体の構成と使い方●

1日3～5つの機能語を学んで、5日で約20の機能語を身につけます。1～6週は主にN1文法を機能ごとに、7～9週はそれ以外の重要表現および敬語を五十音順に確認していきます。

You learn three to five function words daily and about 20 function words in five days. From the 1st to the 6th week you mainly learn N1 grammar by function, and from the 7th to 9th week you learn other important expressions and honorific expressions in the order of the Japanese syllabary.

每天学习3～5个功能词，五天就能学会20个左右的功能词。第一周到第六周学习N1语法中的各种功能词，从第七周到第九周掌握按五十音排列的其他重要表现及敬语。

Step1　各機能語の解説や例文を読んで、意味や接続、使い方を理解します。

You read explanations and example sentences of each function word to learn the meaning, connection and how to use.

学习掌握各功能词的解说和例句，了解其意思、连接方式以及使用方法。

Step2　勉強した機能語に関する確認テストにチャレンジします。問題は8問、または12問です。8問の場合は7問以上、12問の場合は10問以上の正解を目指しましょう。間違えた場合は、その機能語についてもう一度確認しておいてください。また、確認テストの結果は目次の「学習記録」に記入し、理解度の把握に役立ててください。

You try tests to review your learning of the function words. The tests comprise eight or 12 questions. In the case of eight, try to answer seven or more correctly. In the case of 12, try to get ten or more correct answers. If your answer is wrong, review the sentence pattern. Record the result of the test in "Study Record" of the contents and use it to check the level of your understanding.

学完后，通过测试了解学习的情况吧！试题分为8道和12道两种。8道题的试题要答对7道题以上；12道的要答对10道题以上才能达到目标。若有错误，请再重新确认一下句型。此外，请把测试后的结果填写在目录的「学习记录」上，这样会对理解度的把握有帮助。

13

●解説ページの構成●　　Structure of Explanation Page ／解答部分的结构

意味

機能語の意味や特徴が書いてあります。いくつかの意味がある場合は、(1)・(2)という形で分類してあります。

Meaning and characteristics of a function word are explained. If it has several meanings, they are explained in several categories such as (1) and (2).

对功能词的意思及特征作以说明。若有多种意思时，以 A、B 的形式分别说明。

接続

機能語がどの品詞のどんな形に接続するかがわかります。日本語能力試験では、接続の仕方を問う問題も出題されますので、意味とともにしっかりチェックしておきましょう。

You learn how a function word connects to which form of which part of speech. Because questions of how to connect are tested in the Japanese Language Proficiency Test, thoroughly check how a word connects as well as the meaning.

可了解功能词与什么样的词性连接。在日语能力考试中，会出关于连接方式的问题，因此与意思一起好好地掌握吧。

POINT

意味のところで説明しきれなかったこと、特に注意してほしいことを簡潔に示しました。

Things that are not explained in the meaning section, especially something you should pay attention to, are briefly explained.

这里主要是对意思栏的补充说明，以及对需特别注意的地方作以简洁说明。

PLUS

説明した内容に補足したいものを最後にあげてあります。

Supplementary explanation is additionally provided at the end.

对说明的内容加以最后的补充。

＜品詞や活用の表し方＞

	本書の表記		例
動詞（V）	V 辞書形	動詞の辞書形	書く
	V ます形	動詞のます形	書き
	V て形	動詞のて形	書いて
	V た形	動詞のた形	書いた
	V ない形	動詞のない形 （「ない」は含まない）	書か （「書かない」ではなく「書か」）
	V ている形	動詞のている形	書いている
	V ば形	動詞のば形	書けば
	V 意向形	動詞の意向形	書こう
	V 普通形	動詞の普通形	書く　書かない　書いた 書かなかった
い形容詞 （イA）	イA	い形容詞の語幹	大き
	イAい	い形容詞の辞書形	大きい
	イAく	「い形容詞の語幹＋く」	大きく
	イA 普通形	い形容詞の普通形	大きい　大きくない 大きかった　大きくなかった
な形容詞 （ナA）	ナA	な形容詞の語幹	便利
	ナAである	「な形容詞の語幹 ＋である」	便利である
	ナA 普通形	な形容詞の普通形	便利だ　便利じゃない 便利だった　便利じゃなかった
	ナA 名詞修飾型	な形容詞が名詞につく形	便利な　便利じゃない　便利だった 便利じゃなかった
名詞（N）	N	名詞	雨
	Nの	「名詞＋の」	雨の
	N（であり）	「名詞」または「名詞＋で あり」のどちらでも良い	雨（雨であり）
	N 普通形	名詞の普通形	雨だ　雨じゃない　雨だった 雨じゃなかった
	N 名詞修飾型	名詞につく形	雨の　雨じゃない　雨だった 雨じゃなかった

15

第1週 1日目 　〜が早いか／〜そばから／〜なり／〜や否や

「すぐあとで」がポイント。接続に注意！

〜が早いか

意味 〜とすぐに

「Aが早いかB」で、Aのすぐ後に続けてBという動作をする、あるいはAの瞬間にBが起こるという意味。

As soon as doing .... Aが早いかB means either that doing action B immediately after doing A or that B occurs at the moment of A.

……之后马上。用「Aが早いかB」的形式，表示A动作之后马上做B动作，或者A动作的同时发生B动作。

接続 　V　辞書形・た形　＋　が早いか

＜例＞
① 先生が教室のドアを開けるが早いか、学生たちが「ハッピーバースデー」を歌い始めた。

As soon as the teacher opened the door, students started singing "Happy Birthday."

老师刚一打开教室的门，学生们就唱起了"生日快乐"的歌。

② 時計が10時を告げるが早いか、いっせいに問い合わせの電話が鳴りだした。
③ 司会者が問題を言ったが早いか、解答者は笑顔でガッツポーズをした。

POINT 　Bには命令や意向文はこない

× 「うちに帰るが早いか、宿題しなさい。」

＊いっせいに……みんながいっしょに、同時に

第1週1日目

〜そばから

意味 〜しても、またすぐに

「AそばからB」で、何度Aをしても、また次々と同じ動作や現象Bが起こるという意味。話し手の「もういい、もういやだ」という気持ちを表す。

No matter how many times doing ...., the same thing occurs again and again　AそばからB means that the same action or phenomenon B keeps occurring again and again. Expresses the speaker's "having enough and being fed up" feelings.

尽管……还是……。用「AそばからB」的形式，表示尽管做了几次A，仍然接二连三地发生同样的动作或现象B。表示说话人的「够了，已经厌倦了」的心情。

接続　V　辞書形・た形　＋　そばから

<例> ① 滑らないように雪かきをするそばから、どんどん雪が積もっていく。
No matter how many times I clear away the snow to prevent someone slipping and falling, snow keeps piling up on the ground.
为了防止打滑，尽管除了几次雪，但雪还是不断地积了起来。

② 子どもというものは、親が掃除したそばからおもちゃをちらかすものだ。
③ 重要な文法なのに、勉強したそばから忘れていく。

POINT　一度だけのことには使わない
×昨日買った新しい傘は、差したそばから壊れた。

第1週1日目

～なり

意味 ～とすぐに

「AなりB」で、Aのすぐ後に次の動作Bをすることを表す。Bは意外なこと、普通ではないような結果が多い。実際はともかく、話し手が「AとBの時間が短い」と感じたら使える。

As soon as doing .... A なり B expresses that the next action B occurs immediately after A. B is often an unexpected or irregular result. In real situations, a speaker can use this expression when perceiving "the time period between A and B is short."

……就马上……。用「AなりB」的形式，表示A动作之后马上做B动作。B是意外的，平时不怎么发生这种情况。不管实际情况如何，说话的人觉得「A和B的时间间隔很短」的时候使用。

接続 V 辞書形 ＋ なり

<例> ① 迷子になっていた子どもは、母親の顔を見るなりわっと泣き出した。
　　　As soon as he saw his mother, the lost child burst into tears.
　　　迷路的小孩，一看到妈妈的脸就"哇！"地哭起来了。

② 父は僕の部屋に入ってくるなり、大声で怒鳴り始めた。
③ そのニュースを聞くなり、姉はショックでその場に倒れてしまった。

POINT Bには命令文や意向文はこない

× 「駅に着くなり、私に連絡を入れてください。」

＊怒鳴る……何か、誰かに対して大声で怒る

～や否や / ～や

意味 ～とすぐに、～と同時に

「Aや否やB」で、Aに続いてすぐに次の動作Bをする、または続けてBが起こることを表す。
As soon as doing...., at the same time as.... Aや否やB means either that the next action B occurs immediately after A or that B occurs following A.
……就马上，……同时。用「Aや否やB」的形式，表示A动作之后马上做下面的动作B，或者继续发生B动作。

接続 V　辞書形　+　や否や / や

<例>
① 母の足音が聞こえるや否や、愛犬のチロは玄関までダッシュした。
　　As soon as hearing the mother's footsteps, her pet Chiro dashed to the front door.
　　一听见妈妈的脚步声，爱犬"奇骆"马上就跑到门口去了。

② 電車のドアが開くや否や、どっと乗客が降りてきた。
③ 犯人は警官の姿を見るや、駅と反対方向に逃げて行った。

POINT
Aに反応してBが起こる
「～や」は「～や否や」の「否や」を省略した形
Bには命令文や意向文はこない
×うちに帰るや否や、テレビを見よう。

第1週 1日目 確認テスト

【問題1】 正しいものに○をつけなさい。

1) 焼き肉を食べに行っても、私が焼いた（a. なり　b. そばから）子どもたちが食べてしまう。
2) 別れの手紙を読み終えた（a. や否や　b. が早いか）、彼は部屋を飛び出して行った。
3) その客は店に入ってくる（a. なり　b. そばから）「ラーメン、大盛りで」と店員に告げた。
4) 人気アイドルの写真集が（a. 発売された　b. 発売される）や、売り切れの書店が続出した。
5) 新聞の見出しを（a. 見る　b. 見ている）なり、彼は大声をあげた。

＊大盛り……通常よりも多く器に入れたごはん、麺など

【問題2】 （　　）に入る適当な表現を▢から選びなさい。
※同じ表現は一度しか使えません。

や否や　　そばから　　が早いか

1) ずっと電話を待っていた姉は、呼び出し音が鳴った（　　　　　）受話器を取った。
2) 野球の試合が終わる（　　　　　）、観客は出口に殺到した。
3) 語学に挑戦しても、習う（　　　　　）忘れていく。

【問題3】（　　）に入る最も適当なものを一つ選びなさい。

1) 飼い主が名前を呼ぶが早いか、（　　　　）。
   a．犬が走っている
   b．犬が走り出した
   c．犬はうれしそうだ

2) 秋は庭をはくそばから（　　　　）。
   a．木の葉が多い
   b．木の葉は邪魔だ
   c．木の葉が落ちてくる

3) 彼女はデパートでそのバッグを見るなり、（　　　　）。
   a．喜びのあまり飛び上がった
   b．とても似合った
   c．とてもうれしかった

4) テストが終わるや否や、（　　　　）。
   a．学生たちは答えが知りたい
   b．学生たちは疲れている
   c．学生たちは正解を確かめた

25ページで答えを確認！

得点　／12

(第9週5日目の解答)
問題1　1) b　2) a　3) b　4) b　5) a
問題2　1) 申し上げます　2) 願います　3) いたします

～かたがた / ～かたわら / ～がてら

その時、同時に何をする？

～かたがた

意味 ～もかねて

「AかたがたB」で、AとB二つの目的で何かをするという意味。AとBは同程度。Bには「訪問する」「行く」など移動動詞が多い。

Also for the purpose of .... AかたがたB means doing something for two purposes of A and B. A and B are equivalent. B is often a motional verb, such as "visit" and "go."

兼帯……。用「AかたがたB」的形式，表示抱着A和B两个目的做事。A和B的程度相同。B多用「访问」「去」等移动动词。

接続　N ＋ かたがた

＜例＞ ① 「先日のお礼かたがた、そちらに伺いたいのですが。」
"I would like to visit you to see you as well as to thank you for the other day."
「对前几天的事情还礼，同时还想顺便拜访一下。」

② 結婚のご報告かたがた、上司のお宅を訪問した。
③ 恩師のお見舞いかたがた、上京することにした。

POINT かたい表現　　あいさつによく使う

～かたわら

意味 一方で、ほかにも

「AかたわらB」で、主なことAの他に、Bも並行して行っていることを表す。
While, in addition AかたわらB expresses that B also occurs while doing main action A.
另外，还有。用「AかたわらB」的形式，表示主要事情A之外，B也同时进行。

接続
$$\begin{Bmatrix} V\ 辞書形 \\ Nの \end{Bmatrix} + かたわら$$

<例>
① 私の友人は学生のかたわら、イラストレーターとしても活躍している。
  My friend has also been active as a professional illustrator while studying at school.
  我的朋友是学生，同时还是插图画家。

② 彼女は会社員として働くかたわら、夜は専門学校に通っている。

③ 彼は日本語学校で日本語を学ぶかたわら、ボランティアとして通訳をしている。

POINT 一時的ではなく、仕事など長く続いていること

第1週2日目

～がてら

意味 〜のついでに

「AがてらB」で、Aをする時に他のことBもするということ。Aが主目的。Bには「行く」「歩く」など移動動詞が多い。

While doing .... also do .... AがてらB means doing B while doing A. A is the main purpose. B is often a motional verb, such as "go" and "walk."

顺便……。用「AがてらB」的形式，表示做A事情的时候，也做了其它事情B。A是主要目的。B多用「去」「走」等移动动词。

接続　{ Vます形 / N } ＋ がてら

<例>
① あまりに暑くて、夕涼みがてら公園を散歩した。
　　It was unbearably hot, so I walked around the park while enjoying the cool evening breeze.
　　太热了，当作傍晚的乘凉顺便到公园散步了。
② 天気がいいので、運動しがてら隣の駅まで歩いてみた。
③ 散歩がてらスーパーまで買い物に行った。

確認テスト

第1週2日目

【問題1】 正しいほうに○をつけなさい。

1) 明日は暇なので、散歩し（a. がてら　b. かたがた）、友達の家に遊びに行くつもりだ。
2) 友人は昼間、派遣社員として働く（a. かたわら　b. かたがた）、大学の夜間部に通っている。
3) 姉は長年、茶道を学ぶ（a. かたがた　b. かたわら）、茶道体験教室を開いている。
4) 留学中の息子の様子を見（a. かたがた　b. がてら）、アメリカ旅行に行く。
5) 「ごあいさつ（a. かたわら　b. かたがた）、伺ってもよろしいでしょうか。」

【問題2】 （　　）に入る適当な表現を ▢ から選びなさい。
※同じ表現は一度しか使えません。

| がてら | かたがた | かたわら |

1) 彼女は女優の（　　　　　）、幅広く平和活動を行っている。
2) いつか旅行（　　　　　）、母の生まれ故郷を訪れたい。
3) おわび（　　　　　）、部長といっしょに取引先に出向いた。

29ページで答えを確認！

得点　／8

(第1週1日目の解答)
問題1　1）b　2）b　3）a　4）b　5）a
問題2　1）が早いか　2）や否や　3）そばから
問題3　1）b　2）c　3）a　4）c

第1週 3日目

～ところを／～にあって／～に至る

ふつうではない状態に、どんなことが？

～ところを

意味 ～ときに、～状況に

通常ではなく「こういうとき／こういう状況なのに」と言いたい時の表現。
When ...., under the circumstance of .... Used to express that something happens "at an unusual time/situation like this."
……的时候，……情况下。不是一般的情况，而是想表达「在这个时候、这种情况下」的表现方式。

接続
{ V / イA / ナA / N } 名詞修飾型 ＋ ところを

<例>
① 本来なら私から連絡すべきところを、先生からメールをいただいた。
　I was supposed to contact my teacher at a situation such as this, but he e-mailed me first.
　按理来说是我应该联系的，可是老师先发来了电子邮件。

② 平日で忙しいところを、講演会にたくさんの人が集まってくれた。
③「お休みのところを、お越しくださり恐縮でございます。」
④「お足もとの悪いところを、ご出席くださりありがとうございました。」

POINT 「お疲れのところを」「お忙しいところを」など慣用表現として使うことが多い

＊恐縮……他人にお世話になったり迷惑をかけた時に、身が縮んでしまうほど「申し訳ない」と思う様子

～にあって

意味 ～で、～に

「AにあってB」で、時間、場所、状況などを強調。「このような特別な中で」という意味。
In ...., at... A にあって B emphasizes time, place, situation, etc. Means "under such a special circumstance."
在……。用「AにあってB」的形式，强调时间、场所、状况等。是「在这个特殊时刻」的意思。

接続 N ＋ にあって

＜例＞ ① このような不況にあって、A社も厳しい経営状態が続いている。
In such an economic recession, Company A also has a difficult time in maintaining its financial health.
在这么不景气的情况下，A公司的经营也一直处于严峻的状态。

② 震災後の厳しい状況にあって、人々が助け合っていることが救いだ。
③ その作家は便利な時代にあっても、パソコンを一切使わないそうだ。

POINT かたい表現

第1週3日目

～に至る / ～に至るまで / ～に至って / ～に至っては / ～に至っても

意味 ～になる、～になるまで、～になって、～になっても

結果、範囲を示す。話し手の「こんなところまで」という驚きや呆れる気持ちを示すことが多い。

Becoming ...., even becoming ...., resulting in ...., even resulting in .... Indicates the result or range. Often expresses surprise and outrage of the speaker feeling "so far as to."

到……，到……程度，到了……，即使到了……。表示结果、范围。多用来表示说话人惊讶或吃惊的心情「都达到这种程度了」。

接続 { V 辞書形 / N } + に至る / に至るまで / に至って / に至っては / に至っても

<例>
① 不景気が長く続き、会社が倒産するに至った。
　The persistent economic recession resulted in the company's bankruptcy.
　由于长期萧条，公司到了倒闭的程度。
②「当社は出会いから結婚式に至るまで、すべてをプロデュースいたします。」
③ 自殺者が出るに至って、ようやく警察は事件の解明に乗り出した。
④ 市民の80％以上が反対するに至っても、その地域開発は中止されなかった。

POINT かたい表現

＊解明……わからないこと、不明な点を調べて、はっきりさせること

確認テスト

第1週 3日目

【問題1】 正しいほうに○をつけなさい。

1) 徹夜で（a. 疲れる b. 疲れている）ところを、友達に遊びに来られた。
2) 二人はケンカは多かったが、離婚に（a. 至る b. 至って）とは思わなかった。
3) 父は体調不良（a. ところを b. のところを）、わざわざ会いに来てくれた。
4) 格差社会（a. のところを b. にあって）、若者の貧困層が増えている。
5) 関係が悪化していた両国は、ついに戦争を（a. 始めた b. 始める）に至った。

＊格差社会……収入などの違いにより、同じ社会の中に大きな差ができた状態

【問題2】 （　　）に入る適当な表現を　　　　から選びなさい。
　　　　　 ※同じ表現は一度しか使えません。

| に至って | ところを | にあって |

1) 両親は経済的に厳しい（　　　　　　　）、仕送りを続けてくれている。
2) 独裁国家（　　　　　　　）、彼は人権問題を主張した。
3) 同僚に目撃される（　　　　　　　）、ついに彼は恋人の存在を認めた。

＊仕送り……生活、勉強などに必要なお金を、離れて暮らす人に送ること。またそのお金

得点　／8

(第1週2日目の解答)
問題1　1) a　2) a　3) b　4) b　5) b
問題2　1) かたわら　2) がてら　3) かたがた

第1週 4日目 〜てからというもの／〜を皮切りに／〜を機に

「それ」から何かが変わったり、始まったり！

〜てからというもの

意味 〜てからずっと

「AてからというものB」で、Aをきっかけに変化があり、その後はずっとBという状態が続いているという意味。
Ever since .... AてからというものB means that A triggered a change, and the condition B has continued ever since.
……之后一直。用「AてからというものB」的形式，表示以A为契机发生了变化，之后一直继续保持B的状态。

接続 V て形 ＋ からというもの

＜例＞
① 愛犬を亡くしてからというもの、娘は毎日夜になると泣いている。
　　Ever since her dog died, my daughter cries every night.
　　爱犬死了之后，女儿每天一到晚上就哭。
② 友達と一緒に住み始めてからというもの、毎日が楽しくてしかたがない。
③ タバコをやめてからというもの、食べ物がとてもおいしく感じられる。
④ ダイエットを始めてからというもの、甘い物は食べないようにしている。

POINT 継続的なことだけ
×彼女に会ってからというもの、一度食事に行った。

〜を皮切りに / 〜を皮切りにして / 〜を皮切りとして

意味　〜をはじめとして

「Aを皮切りにB」で、AをスタートとしてBが続くこと。AがBの一番初め。
Starting from .... Aを皮切りにB means that B begins from the starting point A. A is the beginning of B.
以……为首。用「Aを皮切りにB」的形式，表示以A为起点继续进行B。A是B的开始。

接続　{ V 辞書形・た形 ＋ の / N } ＋ を皮切りに / を皮切りにして / を皮切りとして

<例>　① その新人作家は、芥川賞を皮切りに新人文学賞をさらっていった。
　　　　　The new writer has swept away most of the literary awards for new writers starting with the Akutagawa Award.
　　　　　那个新作家，在获得芥川奖之后，又不断地获得了各种新人文学奖。
　　② 東京公演を皮切りに、全国10都市でその人気バンドのコンサートが開かれる。
　　③ その女優は中国ドラマへの出演を皮切りに、アジアに進出した。
　　④ ある事件を皮切りに、次々と不思議な事件が起こった。

＊芥川賞……芥川龍之介の業績を記念してつくられた、純文学の新人を対象とする文学賞

第1週4日目

〜を機に
き

意味 〜をきっかけにして

「Aを機にB」で、Aがきっかけで何かが変わったり始まったりしてBになることを表す。
Triggered by .... A を機に B means that something changed or started by A, resulting in the condition B.
以……为契机。用「Aを機にB」的形式，表示以A为契机发生了什么变化或开始了什么事情之后变成了B。

接続 N ＋ を機に
き

<例>
① 災害を機に、多くの人が危機管理に関心を持つようになった。
　　Triggered by the disaster, many people have become more aware of risk management.
　　以灾害为契机，许多人开始关心危机管理了。
② 母の入院を機に、会社を辞めて実家に帰ることにした。
③ イギリス留学を機に、異文化コミュニケーションへの興味が高まった。
④ 犯人逮捕を機に、事件の背景が明らかになった。

POINT Aは日常的なことではなく、特別な出来事

＊実家……自分が生まれた家。結婚して家をはなれた人が、
　　　　　その家をさして言うことが多い

第1週 4日目 確認テスト

【問題1】 正しいほうに○をつけなさい。

1) 留学（a. を機に　b. してからというもの）、自国の文化を研究した。
2) 彼女に（a. 出会って　b. 出会った）からというもの、人生がキラキラ輝いている。
3) 大阪（a. を皮切りに　b. を機に）、全国でチャリティーイベントが開かれる。
4) 海外進出（a. を機に　b. を皮切りに）、社名を変えた。
5) 泥棒に入られ（a. てからというもの　b. たのを機に）、ずっと不安な日々を送っている。

＊チャリティー……福祉に役立てる目的でイベントなどを行うこと

【問題2】 （　　）に入る適当な表現を　　　　から選びなさい。
※同じ表現は一度しか使えません。

を皮切りに	を機に	てからというもの

1) 健康診断での再検査（　　　　　　　）、きっぱりお酒をやめた。
2) 料理教室に通い始め（　　　　　　　）、毎日自炊をしている。
3) 神戸での出店（　　　　　　　）、そのケーキ屋は全国にチェーン展開している。

＊自炊……自分の食事を自分で作ること⇔外食

37ページで答えを確認！

得点　／8

(第1週3日目の解答)
問題1　1) b　2) a　3) b　4) b　5) b
問題2　1) ところを　2) にあって　3) に至って

第1週 5日目　〜が最後／〜を限りに／〜をもって

「それ」で何かが終わる！

〜が最後

意味　もし〜をしてしまったら

「Aが最後B」で、Aをしてしまったらbという大変な結果になる、すべてが終わってしまうという意味。過去ではなく、「大変なことになるから注意した方がいい」という文末が多い。

Once .... is done Aが最後B means that doing A will lead to a disastrous result and everything will be over. Not used in a past tense, and often followed by a sentence like "better be careful not to be in big trouble."

如果……做了的话。以「Aが最後B」的形式，表示如果做了A的话就会发生严重的结果B，一切就完了。不是用来表示过去的事情，而是拥有「因为会发生严重的后果所以还是注意为好」的结尾意义。

接続　Vた形　＋　が最後

<例>
① ワンマンな社長に反論したが最後、クビになりかねないから気をつけたほうがいい。
　Once you criticize the autocratic president, you may be fired. So, watch out.
　如果对独裁社长进行反驳的话，会被炒鱿鱼的，所以还是小心为好。

② 彼女に秘密を話したが最後、翌日にはみんなに知られてしまうだろう。
③ お酒好きな部長は一口飲んだが最後、朝まで飲まないと気が済まない。
④ 赤ちゃんは泣きだしたが最後、なかなか泣き止まない。

～を限りに

(1) 意味　～を最後に

「Aを限りにB」で、今までずっと続いていたことがAで終わる、またはAの時点でBをすることを表す。

Ending with .... Aを限りにB means that continuous action will either be terminated at A or subjected to B at the time of A.

以此为限……就不再……。用「Aを限りにB」的形式，表示持续到至今的事情在A结束，或者在A点开始做B。

接続　N ＋ を限りに

<例>
① 私の好きな野球選手が、健康状態を理由に今季を限りに引退するらしい。
I heard that my favorite baseball player will retire at the end of this season for health-related reasons.
我喜欢的棒球选手，好象以健康状况为由，以本季度为界要引退了。

② 長く愛されたこの映画館も、今日を限りに閉館となった。

③ 今月を限りに、当サービスは終了させていただくことになりました。

(2) 意味　～を十分に、限界まで使って

「Aを限りにB」で、Aを惜しみなく使いきってBをする。

Using sufficient ...., to the limit of .... Aを限りにB means that A is generously used up for achieving B.

充分……，用到极限。用「Aを限りにB」的形式，表示A用到极限后做B。

接続　N ＋ を限りに

<例>
① 決勝戦では、みんな声を限りに応援した。
We all shouted at the top of our lungs for our team at the final game.
在决赛的时候，大家都用最大的声音进行了声援。

PLUS　「力の限り」は慣用表現

例）どんなことがあっても、力の限り最後までやり抜きたい。

～をもって

（1） 意味　～で、～を使って、～によって

「AをもってB」で、Bをする時の方法や手段Aを表現。

By ...., by using ...., by means of .... AをもってB expresses the method/means A for achieving B.

以……，用……，根据……。用「AをもってB」的形式，表示做B时所用的方法或手段A。

接続　N ＋ をもって

<例>
① 選手たちは団結力をもって、優勝を勝ち取った。
　　The players won the championship by their cohesiveness.
　　选手们团结一致，获得了冠军。
② 彼はリーダーシップをもって、会社を成功させた。
③「結果は商品の発送をもってかえさせていただきます。」

（2） 意味　～で

それを区切りに何かが終わったり、始まったりする。あいさつなどに使われる表現。

With .... Expresses that with which something ends or starts. Used in greetings, etc.

以……。以此为界限结束或开始一件事情。用在问候语等的表现。

接続　N ＋ をもって

<例>
① 今回の契約をもって、A社は正式に日露合弁会社となった。
　　Company A has formally become a Japan-Russia joint-venture company with this contract.
　　以此次合同为开端，A公司就正式成了日俄合资公司。
②「節電のため、しばらくは7時をもって閉店とさせていただきます。」
③「本日のパーティーは、これをもちましてお開きとさせていただきます。」

＊お開き……パーティなどが終わること。お祝いに「終わる」という言葉がふさわしくないことから使われている。

POINT　「～をもちまして」は丁寧な言い方

第1週 5日目 確認テスト

【問題1】 正しいほうに○をつけなさい。

1)「深夜0時（a. をもって b. が最後）、応募を締め切らせていただきます。」
2) 部長はマイクを（a. 握る b. 握った）が最後、1時間も一人で歌い続ける。
3) 真心を（a. もって b. もった）、お客様にサービスをする。
4)「では、以上（a. を限りに b. をもって）、閉会いたします。」
5) どんなに大変でも、（a. 力を b. 力の）限り頑張ろう。

【問題2】 （　）に入る適当な表現を □ から選びなさい。
※同じ表現は一度しか使えません。

| を限りに | をもって | が最後 |

1) 彼女はまれな歌唱力と美貌（　　　）、スターになった。
2) 一度言い出した（　　　）、父は自分の意見を曲げない。
3) 先月の記者会見（　　　）、彼女はマスコミの前から姿を消した。

43ページで答えを確認！

得点　/8

(第1週4日目の解答)
問題1　1) a　2) a　3) a　4) a　5) a
問題2　1) を機に　2) てからというもの　3) を皮切りに

第2週 1日目　～きらいがある / ～ずくめ / ～まみれ / ～めく

そういう様子だ、そういう傾向がある！

～きらいがある

意味　自然に～になりやすい、～という傾向や性格がある

外見的なことではなく、ものの本質。話し手の悲観的な気持ちを表す。
Likely to become ...., tend to .... Describes the essence of things rather than appearances. Expresses the speaker's pessimistic feeling.
自然而然容易……，有……倾向。不是表面而是本质上的问题。表示说话人的悲观情绪。

接続　{ V　辞書形 / Nの } ＋ きらいがある

<例>
① あの人は何でもオーバーに話すきらいがある。
　　That person tends to exaggerate everything.
　　那个人有总爱将什么都夸大来说的毛病。
② 人は年をとると、他人の言葉に耳を傾けなくなるきらいがある。
③ 車を利用している人は、運動不足のきらいがある。

POINT　悪いことが多い　　かたい表現

～ずくめ

意味 ～ばかりだ

ほとんど～の状態だ。それが続いて起こる。
Filled only with ...., all in.... Almost entirely in a state of ...., which keeps occurring.
一直……。几乎……的状态。一件事情不断地发生。

接続 N ＋ ずくめ

<例> ① 懸賞で海外旅行も当たり、恋人もできて、最近いいことずくめだ。
Recently my life is filled only with good things, like winning an overseas trip and getting a girlfriend.
抽奖中了海外旅行，而且又有了恋人，最近尽是好事。
② 以前、若者の間で全身黒ずくめのファッションが人気を呼んだ。
③ この一週間、レストランでの会食が続き、ごちそうずくめだ。

POINT 「いいことずくめ」「異例ずくめ」「ごちそうずくめ」など慣用表現
プラスの内容が多い

第２週１日目

〜まみれ

意味　〜がいっぱい

全体に〜がついている様子。汚れやよくないもの、不快感を与えるものが多い。
Covered with .... Expresses the state of being entirely covered with ..... Often refers to dirty, unhealthy, and/or unpleasant things.
全是……。全身都沾满了……的样子。多数是脏东西、不好的东西或引起人不愉快的东西。

接続　N ＋ まみれ

<例> ① 映画の中の戦争シーンで、主人公が血まみれになって倒れた。
　　　The main character fell to the ground covered in blood in a battle scene of the movie.
　　　电影的战争场面中，主人公满身鲜血地倒下去了。

② 子どもは外で泥まみれになって遊んだ方がいい。
③ エアコンが故障して、オフィスではみんな汗まみれになっていた。

～めく / ～めいた

意味 ～らしくなる、～のように見える

完全ではない、そう強くはないが～のような感じだという意味。
Becoming more like ...., looks like .... Means that it is not completely or strongly ...., but it looks like .....
变成象是……样子，看起来象……样子。还没完全变成，也不那么强烈，但是给人象……的感觉。

接続　　N ＋ めく / めいた N

<例>
① そのドラマは、謎めいたストーリーが評判になっている。
　　The drama's mysterious storyline has been much talked about.
　　那个电视剧的情节扑朔迷离，引人入胜，因而受到了好评。
② 風が暖かくなり、梅も咲き始め、だんだん春めいてきた。
③ 先生は冗談めいた口調で、その生徒を注意した。

第2週 1日目

確認テスト

【問題1】 正しいほうに○をつけなさい。

1) 今回のオリンピックは日本選手が大活躍し、記録（a. ずくめ　b. まみれ）の大会だった。
2) 朝晩涼しくなり、だいぶ（a. 秋めいた　b. 秋めいて）きた今日この頃だ。
3) 中学生たちは、汗（a. ずくめ　b. まみれ）になってグラウンドを走っている。
4) 彼はとてもいい人だが、いつも周囲に遠慮（a. しすぎ　b. しすぎる）きらいがある。

【問題2】 （　　）に入る適当な表現を [　　] から選びなさい。
必要なら適当な形に変えましょう。
※同じ表現は一度しか使えません。

| ずくめ | きらいがある | まみれ | めく |

1) 全身ほこり（　　　　　　　）になりながら、久しぶりに物置の掃除をした。
2) 営業職にもかかわらず、彼は人見知りの（　　　　　　　）。
3) 彼の要求はエスカレートし、徐々に脅迫（　　　　　　　）きた。
4) その女優は、結婚、出産、映画賞受賞とめでたいこと（　　　　　　　）だ。

【問題3】 次の文で正しいものには○、間違っているものには×を書きなさい。

1)（　）今季のプロ野球は、日程変更や球場変更など異例ずくめの開幕となった。
2)（　）梅雨も明け、毎日30度を超えてすっかり夏めいた。
3)（　）メキシコ湾の事故で、油まみれになった魚たちの写真を見た。
4)（　）先生は私たちのことを、いつも心配してくれるきらいがある。

49ページで答えを確認！

得点　/12

(第1週5日目の解答)
問題1　1) a　2) b　3) a　4) b　5) b
問題2　1) をもって　2) が最後　3) を限りに

第 2 週 2 日目

〜っぱなし / 〜つ〜つ / 〜ながらに / 〜ながらも

その時の状況をわかりやすく説明！

〜っぱなし

意味　〜たまま

自動詞の場合は「その状態が続く、よく起きる」、他動詞の場合は「処置や後始末をしないで、そのままにしておく」という意味。

Keep on doing .... Means that "the condition continues/occurs often" when used as an intransitive verb. Means "leaving it as it is without taking care of it" when used as a transitive verb.

一直……。接自动词时表示「那种状态保持下去或经常发生」，接他动词时表示「不进行处理或收拾，就那么放着」。

接続　V　ます形　＋　っぱなし

<例>
① 通勤ラッシュで１時間も立ちっぱなしは辛い。
　　It is hard to keep standing for an hour on a rush hour train.
　　在上下班的高峰期，一直站立１小时，很难受。
② 弟は、私が何度注意しても、見終わったＤＶＤを出しっぱなしにする。
③ 窓を開けっぱなしにして寝るなんて、不用心すぎる。
④ 今は大活躍中のあの選手も、高校時代は監督に怒鳴られっぱなしだったそうだ。

第2週2日目

～つ～つ

意味 ～たり～たりする

「AつBつ」で、対照的な二つのことが交互に起こっていることを示す。AとBの動詞は反対の意味を表すものだが、BがAの受身形になることも多い。
Doing .... as well as .... AつBつ means that two contrasting events occurs alternately. Verbs A and B have opposite meanings, but B is often a passive form of A.
……一边……一边。用「AつBつ」的形式，表示具有对比性的两件事情交替发生。A和B是表示相反意义的动词，但是B是A的被动词的情况也很多。

接続　Vます形 ＋ つ ＋ Vます形 ＋ つ

<例> ① 人間はみんな、もちつもたれつで生きている。
　　　　Everyone helps others, and is helped by others.
　　　　人们都是在互相帮助中生活着。
② 日曜日のマラソン大会は、抜きつ抜かれつの大接戦となった。
③ その店に入ろうかやめようか、行きつ戻りつして結局やめた。

POINT　「もちつもたれつ」「さしつさされつ」など慣用表現

＊さしつさされつ……お互いにお酒をつぎあうこと

第2週2日目

〜ながらに / 〜ながらの

意味　〜という状態のままで

「AながらにB」で、Aの状態でB、AのときからずっとBという意味。

Remaining in the state of .... AながらにB means that B occurs in the state of A or that condition B remains ever since A.

始终……状态。用「AながらにB」的形式，表示在A的状态下进行B，或者从A时刻开始一直保持B的状态。

接続

$$\left\{ \begin{array}{l} V \ \text{ます形} \\ N \end{array} \right\} + ながらに / ながらのN$$

<例>
① そのバイオリニストは、生まれながらにまれな才能を持っていた。
　The violinist was born with exceptional ability.
　那个小提琴手天生就是奇才。
② 彼はインタビュー番組で、涙ながらに過去を語った。
③ この辺りには、昔ながらの自然が残っている。

POINT　慣用表現

PLUS　「居ながらにして」もよく使われる

例）パソコンがあれば、家に居ながらにして仕事ができる。

～ながらも

意味 ～けれども、～のに

「AながらもB」で、通常AならBにはならないが、この場合はBになるという意味。

Although ...., though .... AながらもB means that, although A usually does not cause B, B occurs under the condition A in this case.

但是……，却……。用「AながらもB」的形式，表示一般情况下A不会变成B，但是在这种情况下却能变成B。

接続
$$\left\{\begin{array}{c} \text{V ます形・ない形ない} \\ \text{イAい} \\ \text{ナA} \\ \text{N} \end{array}\right\} + \text{ながらも}$$

<例>
① その作家は才能に恵まれながらも、ヒット作が出せずにこの世を去った。
　　Although blessed with talent, the writer died without a bestseller.
　　那个作家虽有天赋，但是没能创造出好作品就去世了。
② 新しいマンションは環境もよく、狭いながらも快適だ。
③ このパソコンは小型ながらも、最新の機能が揃っている。

第2週 2日目

確認テスト
かくにん

【問題1】 正しいほうに○をつけなさい。

1) 久しぶりに旧友と再会し、（a. さしつさされつ　b. さしつさされて）朝まで飲んだ。
2) インターネットを使えば、家に（a. 居ながら　b. 居るながら）にして英会話のレッスンができる。
3) たとえ1分でもドアを（a. 開き　b. 開け）っぱなしで家を空けるなんて。
4) その一家は（a. 貧しい　b. 貧しく）ながらも、笑いが絶えないいい家族だ。

【問題2】（　　）に入る適当な表現を　　　　から選びなさい。
※同じ表現は一度しか使えません。

行きつ戻りつ　　っぱなし　　ながらに　　ながらも

1) 友人からDVDを1年も借り（　　　　　　　）にしてしまった。
2) 困難に遭い（　　　　　　　）、彼は最後まで頑張り抜いた。
3) 開店まで時間があったので、辺りを（　　　　　　　）してオープンを待った。
4) 彼女には生まれ（　　　　　　　）してハンディキャップがあった。

【問題3】（　　　　）に入る最も適当なものを一つ選びなさい。

1）東京は大都会ながらも、（　　　　）。
 a．人口が1000万人を超えている
 b．私は住みたい
 c．自然が残っている

2）彼はカップラーメンを食べっぱなしにして、（　　　　）。
 a．スープを捨てた
 b．出かけて行った
 c．きれいにしなさい

3）上司に叱られて、彼女は涙ながらに（　　　　）。
 a．反論した
 b．すぐ帰った
 c．泣いていた

4）同期の田中さんとはもちつもたれつ、（　　　　）。
 a．荷物を運んだ
 b．いい関係を続けている
 c．一緒に帰った

53ページで答えを確認！

得点　／12

（第2週1日目の解答）
問題1　1）a　2）b　3）b　4）b
問題2　1）まみれ　2）きらいがある　3）めいて　4）ずくめ
問題3　1）○　2）×　3）○　4）×

第2週 3日目

～と相まって / ～にかかわる / ～に即して

> それとあれは、どんな関係？

～と相まって / ～と相まった

意味 　～といっしょに、～と影響し合って

「AとBが相まって」で、AB二つが一緒になってある結果、効果を生むことを表す。
Together with ...., interacting with .... AとBが相まって expresses that A and B together cause a certain result/effect.
跟……一起，与……互相影响。用「AとBが相まって」的形式，表示A和B两件事情共同作用，引起某种结果或效果。

接続 　N ＋ と相まって / と相まった N

<例>
① 面白いシナリオと旬な配役が相まって、その映画は空前の大ヒットとなった。
　　An interesting screenplay together with successful casting made the movie an unprecedented hit.
　　好的剧本和当红演员的相互结合，令那部电影造成了空前的轰动。
② 先週の連休は晴天と相まって、遊園地は今年最高の人出だった。
③ 少子化と高齢化が相まって、日本の人口構成は大きく変わった。
④ 長年の努力と運のよさが相まった結果、彼女は大スターになった。

POINT 　いい結果が多い　　かたい表現
「～が～と相まって」「～と～が相まって」どちらもあり

〜にかかわる

意味 〜に関係する、〜を左右する

単なる関係ではなく、大きな影響があるという意味。
Related to ...., affecting .... Expresses a large impact rather than a mere relationship.
关系到……，左右……。不是简单的关系，而是有很大的影响。

接続 N ＋ にかかわるN

<例> ①「社員のプライバシーにかかわることにはお答えしかねます。」
"I can not answer any question regarding employees' private matters."
「关系到公司职员隐私的问题，无法回答。」

② 兄が交通事故に遭ったけれども、命にかかわるようなケガではなく安心した。

③ 環境問題は、地球の未来にかかわる大きな課題だ。

第2週3日目

～に即して / ～に即しては / ～に即しても / ～に即した

意味 ～に従って、～に合わせて、～通りに

「Aに即してB」で、Aをしっかり踏まえた上で、それに合わせてBをすることを表す。
According to ...., in conformity to ...., according to .... Aに即してB expresses doing B based on and according to A.
遵从……，配合……，照……样。用「Aに即してB」的形式，表示以A为依据，按照A的样子做B。

接続 N ＋ に即して / 即しては / 即しても / 即したN

＜例＞
① 夢みたいなことばかり言わずに、現実に即して考えなさい。
　　Don't be always up in the clouds, and start thinking according to reality.
　　不要尽说那些理想的话，结合现实情况考虑一下。

② 災害時には、実情に即したスピーディな対応が求められる。
③ データだけではなく、現状に即して今後のことを検討するべきだ。
④ 現代人のニーズに即して、この商品は開発された。

POINT かたい表現

第2週 3日目 確認テスト

【問題1】 正しいほうに○をつけなさい。

1) 問い合わせがあっても個人情報に（a. かかわり　b. かかわる）ことは答えてはいけない。
2) この映画は、原作に（a. 即した　b. 即して）内容とはいえない。
3) 彼の料理は、色彩と味が（a. 相まった　b. 相まって）芸術作品だ。
4) 人脈と（a. 才能が　b. 才能の）相まって、彼は事業を成功させた。
5) どんな事件の量刑も法律（a. に即して　b. 即した）決められる。

* 人脈……同じ目的や利益のための人間関係
* 量刑……裁判で決められる刑の長さ、重さ

【問題2】 （　　）に入る適当な表現を□□□から選びなさい。
※同じ表現は一度しか使えません。

が相まって　　　に即して　　　にかかわる

1) この件は会社の今後（　　　　　　　）大きな問題だ。
2) 意見がまとまらないので、現状（　　　　　　　）もう一度考えてみよう。
3) 時代の流れと戦略（　　　　　　　）、会社の売り上げが一気に伸びた。

57ページで答えを確認！

得点　/8

（第2週2日目の解答）
問題1　1) a　2) a　3) b　4) a
問題2　1) っぱなし　2) ながらも　3) 行きつ戻りつ　4) ながらに
問題3　1) c　2) b　3) a　4) b

第２週 ４日目 　〜ともなく／〜をものともせず／〜をよそに

意識しないで、気にせずに何かをする！

〜ともなく／〜ともなしに

（１）　意味　特に〜するつもりはなく、何となく

「AともなくB」で、特にAをしようと意識していなかったが、結果的にBになったことを意味する。

With no specific intention of doing ...., for some reason AともなくB means doing A without any specific intention but resulting in B.

并非刻意地……，不知不觉中。用「AともなくB」的形式，表示没有刻意地要做A的想法，结果却变成了B。

接続　V　辞書形　＋　ともなく／ともなしに

<例>　①授業中、見るともなしに外を見たら、きれいな虹がかかっていた。
　　　　I saw a beautiful rainbow when I just happened to looked out of the window in class.
　　　　在上课的时候，无意中向外看，发现有美丽的彩虹。

　　　②電車の中で人の会話を聞くともなく聞いていたら、その人は友人の知り合いだとわかった。

POINT　「見る」「言う」「聞く」「読む」などをよく使う

（２）　意味　はっきりはわからないが

「〜ともなくB」で、「いつからともなく」「だれにともなく」「どこへともなく」など、明確ではないがBという状態になったという意味。

Not knowing clearly Used as いつからともなく (not knowing from when,) だれにともなく (not knowing to whom,) or どこへともなく (not knowing to where,) etc.、〜ともなくB means that condition B has been achieved without a clear cause and/or purpose.

不是很确定，但是……。用「〜ともなくB」的形式，表示「不确定何时开始」「不确定跟谁」「不确定去哪里」等，稀里糊涂地成了B的状态。

接続　疑問詞（なに、どこ、いつ、だれ　他）＋から・に・へ＋ともなく

<例>　①いつからともなく彼女を意識するようになっていた。
　　　　I started thinking about her before I knew it.
　　　　不知什么时候开始意识到她的存在了。

　　　②どこからともなく美しいピアノの音色が聞こえてきた。

POINT　慣用表現

～をものともせず

意味 ～を問題にしないで、～に負けずに

「AをものともせずB」で、たとえAのような困難や障害があっても、努力してそれを乗り越えてBという好ましい結果になることを表す。
In the face of ...., in spite of .... Aをものともせず B means that, even if there is a problem or disturbance like A, working hard to overcome A leads to a favorable result B.
不当一回事……，不输给……。用「Aをものともせず B」的形式，表示即使遇到象A那样的困难或障碍，经过努力克服后实现B这种所希望的结果。

接続 N ＋ をものともせず

<例>
① 度重なるケガをものともせず、その力士は横綱まで上り詰めた。
The sumo wrestler rose to the rank of Yokozuna in spite of repeated injuries.
克服了很多次受伤，那个大力士达到了横纲。
② 貧困をものともせず努力し、とうとう彼は国のトップになった。
③ 災害をものともせず、力を合わせて町を復興させた。
④ 部長は批判をものともせず、自分の責任を最後まで果たした。

POINT 話し手自身のことには使わない

第2週4日目

～をよそに

意味 ～を関係ないものとして、～を気にしないで

「AをよそにB」で、Aを無視したり考えないふりをしたりしてBをすること。

Regarding .... as unrelated, without concerning .... AをよそにB means doing B while ignoring or pretending not to think about A.

无视……，把……不放在心上。用「AをよそにB」的形式，表示在忽视A或不考虑A的情况下做B。

接続 N ＋ をよそに

<例>
① 国民の不安をよそに、政府の方針は二転三転している。
　The government has changed its policy again and again while people are worried.
　无视国民的不安，政府的方针总是变来变去的。
② 家族の心配をよそに、父は毎晩のようにお酒を飲んでいる。
③ 周囲の反対をよそに、彼女は無理なダイエットを続け、とうとう体を壊した。
④ 近所の冷たい視線をよそに、彼は迷惑行為を繰り返した。

POINT マイナスの内容

確認テスト

第2週 4日目

【問題1】 正しいほうに○をつけなさい。

1) 震災を（a. よそに　b. ものともせず）、彼は大学進学を果たした。
2) 公園で（a. 見るとも　b. 見ないとも）なしに空を見上げると、ＵＦＯのようなものが飛んでいた。
3) みんな（a. が反対　b. の反対）をよそに、彼は18歳の若さで結婚した。
4) 周囲の心配を（a. よそに　b. ものともせず）、彼は夜遊びばかりしている。
5) 電車で（a. だれに　b. だれから）ともなく、独り言を言っている人がいる。

【問題2】 （　　）に入る適当な表現を　　　から選びなさい。
※同じ表現は一度しか使えません。

をよそに　　をものともせず　　ともなく

1) みんなの忠告（　　　　　）、そのジャーナリストは戦地へ向かった。
2) 台風（　　　　　）、冒険家はヨットで世界一周を果たした。
3) 窓を開けると、どこから（　　　　　）カレーの匂いが漂ってきた。

61ページで答えを確認！

得点　／8

(第2週3日目の解答)
問題1　1) b　2) a　3) a　4) a　5) a
問題2　1) にかかわる　2) に即して　3) が相まって

第2週 5日目

〜からある / 〜ごとき / 〜というもの

「どのくらいか」を具体的に説明！

〜からある / 〜からの

意味 〜もある

「AからあるB」で、Aは話し手が多い、大きい、長いなどと思うボリュームを強調。「実際にはA以上ある」という意味。

Existing as many as .... A in AからあるB emphasizes the volume, such as number, size, and length, which is perceived as large by the speaker. It seams "there are actually more than A."

在……以上。用「AからあるB」的形式使用。A是说话人所强调的多、大或长等的数量。表示「实际上比A还多」。

接続 N ＋ からある / からの ＋ N

<例>
① きゃしゃな彼女が、30キロからある荷物を軽々と持ち上げた。
　　A slightly-built woman lifted a piece of baggage of at least 30 kg easily.
　　娇嫩的她，轻而易举地抬起了30多公斤的行李。
② 祖父は昔、3メートルからある熊に遭ったそうだ。
③ 駅の前に8000万円からの高級マンションができた。
④ 彼のお父さんは社員1万人からの大企業の社長だ。
　　（＝彼のお父さんは社員1万人からいる大企業の社長だ。）

POINT 「からある」「からの」の前は具体的な数字
　　　　　人や動物の数は「〜からいる」、値段は「〜からする」も使う

＊きゃしゃだ……体が非常にほそく、弱々しい様子。特に女性に使う

～ごとき / ～ごとく

（1） 意味　～のような、～のように

「AごときB」で、AはBを具体的に説明するもの。
Like ...., as if .... AごときB means that A describes B concretely.
象……一样。用「AごときB」的形式使用。A是具体说明B的内容。

接続
{ N / V 辞書形・た形+か } ＋ の ＋ ごときN / ごとく

<例>
① 青春時代は矢のごとく過ぎ去っていくものだ。
　　Youth flies away like an arrow.
　　青春时代飞逝似箭。

② 見てきたかのごとくホラをふく。

POINT 少し古い慣用表現

＊ホラをふく……事実ではないことを大きく言う

（2） 意味　～なんか、～など

「Aごときに」で、Aという人や物を見下したり、否定したりする。
Aが自分自身の場合には謙遜の意味になる。
Such a trivial thing like ...., such a thing like .... Aごときに expresses scorn for and/or negativity toward person A. When A refers to the speaker himself or herself, it expresses self-modesty.
……之类，……等。用「Aごときに」的形式，表示鄙视或否定A这种人或物。A是自己的时候则表示谦虚。

接続　N ＋ ごときに

<例>
① 今度の試験では、あいつごときに負けるものか。
　　A person like him will never beat me in the next exam results.
　　这次考试，怎么能输给那个家伙呢

② 「私ごときに、このような役割は務まりません。」

第2週5日目

〜というもの

意味　〜という長い時間、長い期間

話し手の「こんなに長くある状態が続いている」という気持ち。

Such a long time as ...., for a long period of time Expresses the speaker's feeling that "a certain condition has been continuing for such a long time."

……长时间，长期。表示说话人对「某一种状态持续这么长时间」的感觉。

接続　N ＋ というもの

<例>
① 別れてから5年というもの、一日たりとも彼女を忘れたことはない。
　　I have never forgotten about her even for a day for five years since the break-up.
　　分别之后5年的时间，一天都没有忘记过她。
② 明日は体重測定なので、ここ3日というものろくに食べていない。
③ あんなに人気があったコメディアンを、ここ1、2年というもの全く見ていない。
④ あまりに忙しくて、ここ数か月というものデートもしていない。

POINT　Nは期間を表す数字

第2週 5日目 確認テスト

【問題1】 正しいほうに○をつけなさい。

1）怒った時の父は（a. 鬼の　b. 鬼）ごとき顔になる。
2）彼は兄弟が多く、10人（a. から　b. からいる）大家族で育った。
3）彼とは前はよく会っていたが、ここ（a. 5年も　b. 5年）というもの、全く連絡がない。
4）「あいつ（a. ごとく　b. ごとき）にバカにされるなんて、情けない。」
5）年末のイベントには、3000人（a. から　b. からの）人が集まった。

【問題2】（　　　）に入る適当な表現を　　　　から選びなさい。
　　　　※同じ表現は一度しか使えません。

からある　　　ごとく　　　というもの

1）会社に入って1年（　　　　　　）、忙しくて旅行どころじゃなかった。
2）姉の新しい恋人は、身長が2メートル（　　　　　　）バスケットボールの選手だ。
3）その映画の恐竜は、スクリーンから出て来るかの（　　　　　　）、迫力があった。

67ページで答えを確認！

得点　　/8

（第2週4日目の解答）
問題1　1）b　2）a　3）b　4）a　5）a
問題2　1）をよそに　2）をものともせず　3）ともなく

第3週 1日目

～たる / ～と思いきや / ～ともあろう / ～となると

とくべつな立場の人はどうする？

～たる

意味　～である

「AたるB」のAはそういう立場や状況にある人。「Aという立場の人なら当然こうあるべきだ」という話し手の気持ちを表す。

Being .... A in AたるB is a person in a certain position or in a certain situation. Expresses the speaker's feeling that "a person in the position of A should be like this."

作为……。「AたるB」中的A是处于那种立场或状态的人。表示说话人觉得「处于A立场的人就理所当然地应该那样」的想法。

接続　N ＋ たるN

<例>
① 一国の長たるもの、もっとリーダーシップを発揮してほしい。
　　Being the leader of a country, he should exercise leadership.
　　作为一国之主，应该更加发挥领导的作用。
② 学生たるもの、何よりも学業を一番に考えるべきだ。
③ 医師たるもの、患者の精神的ケアまでできなければならない。

POINT　かたい表現
「～たるもの」の形が多い

～と思いきや

意味　～と思ったが

「Aと思いきやB」で、Aだと思ったが実際には違ってBだったという意味。話し手の驚きや失望を表す。

Or .... someone thought A と思いきや B means that someone thought that it was A, but it was actually B. Expresses surprise and/or disappointment of the speaker.

出乎意料……。用「Aと思いきやB」的形式，表示原来认为是A，但实际上却是B。表示说话人的惊讶或失望。

接続　
$$\begin{Bmatrix} V \\ イA \\ ナA \\ N \end{Bmatrix} 普通形 \quad (か) \quad + \quad と思いきや$$

（ただし、ナAとNは「だ」がつかないことが多い）

〈例〉
① 5時間もかけた書類が完成したと思いきや、誤字脱字が多くやり直しになった。
　　Although I thought that after five hour's effort the document was completed, I had to redo it because of typographical errors and omissions.
　　花了5个小时做成的资料，没想到有那么多错字漏字，所以重新做了。

② ジャンボ宝くじに当たったかと思いきや、前回の当選番号だった。
③ 自分の駅かと思いきや、寝過ごして8つも駅を過ぎていた。
④ 留学生活は大変と思いきや、自由で楽しい毎日だ。

第 3 週 1 日目

〜ともあろう

意味 〜のような

話し手が高く評価している人を示し、「そういう人なのに期待外れのことをした」「そういう人だからふさわしい行動を期待する」という気持ちを表す。

As a great person like .... Expresses the speaker's feeling toward a person he/she highly respects that "such a great person did something disappointing," or "an appropriate behavior is expected from such a great person."

象……那样。说话人表示高度评价的人，「本应该是那样的人却做了令人失望的事情」「本应该是那样的人，所以希望行为也应该符合那种身份的人」的想法。

接続 N ＋ ともあろうN

<例>
① 彼ともあろうミュージシャンでも、未だにアルバイトをしているそうだ。
　　Even a musician like him still has to have a part-time job.
　　即使象他那样的音乐家，听说至今还在打工呢。
② 鈴木先生ともあろう方が、あんな簡単な漢字を知らないとは驚いた。
③ 警察官ともあろうものが、人を騙すなんて許せない。

〜ともなると / 〜ともなれば

意味　〜になると

「AともなるとB」で、普通の条件ではBではないが、Aという特別に進んだ条件ではBになるという意味。

Upon achieving a condition of .... AともなるとB means that B never occurs under a normal condition, but B occurs under a special advanced condition A.

一旦……就。用「AともなるとB」的形式，表示在一般情况下不会成为B的结果，但是在A这种特殊的条件下就会成为B的结果。

接続　{ V　辞書形 / N } ＋ ともなると / ともなれば

〈例〉
① 日本語学校の上級クラスともなると、ディベートもできるようになる。
　　Members of an advanced class in a Japanese school can debate.
　　到了日语学校的高级班，就达到能进行辩论的水平。
② 暑い日本の夏も、9月下旬ともなると朝晩は涼しくなる。
③ 大学生ともなれば、親の気持ちが少しはわかるようになるだろう。

POINT　「ともなると」より「ともなれば」の方が仮定の意味が強くなる

第3週
1日目

確認テスト

【問題1】 正しいほうに○をつけなさい。

1) 大統領（a. なる　b. たる）もの、決断力がなければならない。
2) 12月（a. ともあろう　b. ともなれば）、この地域にも初雪が降る。
3) 合格通知か（a. と思いきや　b. 思いきや）、電話料金の請求書だった。
4) 60歳を過ぎて（a. 留学する　b. 留学して）ともなると、大変なことも多いだろう。

【問題2】 （　）に入る適当な表現を ▢ から選びなさい。
※同じ表現は一度しか使えません。

| たる | ともなると | と思いきや | ともあろう |

1) 一人暮らしはさびしいか（　　　　　　）、気楽で私には合っているようだ。
2) あんなに無邪気だった彼女も、大学生（　　　　　　）大人っぽくなってきた。
3) 彼女（　　　　　　）有名な作家が、他人の文を盗用するなんて信じられない。
4) 二つ星レストランのシェフ（　　　　　　）もの、他の店にはない味が求められる。

【問題3】（　　　　）に入る最も適当なものを一つ選びなさい。

1）女の子も中学生ともなれば、（　　　　　）。

　a．もうすぐ高校生だ

　b．お化粧に興味も持つだろう

　c．まだ子どもだ

2）大学生たるもの、（　　　　　）。

　a．毎日遊んでいる

　b．昔とはずいぶん違う

　c．政治にも関心を持つべきだ

3）政治家ともあろうものが、（　　　　　）。

　a．差別発言をするなんて

　b．選挙活動をするなんて

　c．まだ若いなんて

4）テストで失敗したかと思いきや、（　　　　　）。

　a．半分もできていなかった

　b．ギリギリでパスできた

　c．やっぱり失敗した

73ページで答えを確認！

得点　　／12

(第2週5日目の解答)
問題1　1）a　2）b　3）b　4）b　5）b
問題2　1）というもの　2）からある　3）ごとく

第3週 2日目

～たところで / ～としたところで / ～とはいえ / ～にして

話し手の「でも…」を表すいろんな表現！

～たところで

意味 ～ても

「AたところでB」で、もしAが成り立ったとしても役には立たない、無駄だという話し手の判断。

Although .... AたところでB expresses the speaker's judgment that it would be useless and/or wasted even if A is achieved.

即使……也。用「AたところでB」的形式，表示说话人做出即使A成立了也没有什么用的判断。

接続 V た形 ＋ ところで

<例>
① いくら家族が説得したところで、頑固な父は耳を貸さないだろう。
　　Although the family tries everything to persuade him, the stubborn father never listens.
　　即使家人怎么进行劝说，固执的爸爸也不会听的。
② コンサートに遅れそうだが、タクシーで向かったところで間に合わない。
③ 毎日残業したところで、それほど給料は増えない。

～としたところで / ～としたって / ～にしたところで / ～にしたって

意味 　～でも、～にしても

「AとしたところでB」で、他はもちろん、もしAという立場や条件でもBだという意味。
Even with ...., if not .... AとしたところでB means that B occurs even with the situation or condition A as well as any other conditions.
即使……也，连……也。用「AとしたところでB」的形式，表示不用说其它的，即使在A这种立场或条件下也会成为B的结果。

接続

{ V / イA / ナA / N } 普通形 ＋ としたところで / としたって / にしたところで / にしたって

（ただし、ナAとNは「だ」がつかないことが多い）

＜例＞
① 二国間の紛争は、国連としたところで実際にはどうすることもできない。
　　Even the United Nations cannot actually do anything for settling a dispute between two countries.
　　其实二国间纠纷，即使连联合国也无能为力。
② この店はコースメニューにしたって、手頃な値段で食べられる。
③ 週末のパーティーは全員参加するとしたって、20人ぐらいだろう。
④ 大先輩としたって、私たちに対するあの言い方は不愉快だ。

POINT 　「～としたって」「～にしたって」は話し言葉
否定的な内容が多い

〜とはいえ

意味　〜でも、〜といっても

「AとはいえB」で、Aは事実だが、そこからイメージするものとは違って結果はBだという意味。
Nonetheless ...., however .... AとはいえB means that A is a fact but its result is unexpected B.
即使……也，虽说……但是。用「AとはいえB」的形式，表示虽然A是事实，但是跟从那所想象的不同，结果却是B。

接続
$$\begin{Bmatrix} V \\ イA \\ ナA \\ N \end{Bmatrix} 名詞修飾型 + とはいえ$$

<例>
① 定年退職したとはいえ、まだまだ働きたいという人が大勢いる。
　　Although having been retired, there are many people who still want to keep working.
　　虽然退休了，但是很多人还想继续工作。
② 給料が出たとはいえ、家賃などであっという間になくなってしまった。
③ 学校の規則とはいえ、携帯電話持ち込み禁止は厳しすぎる。

～にして

（1） 意味　～だから、～でも

「AにしてB」で、Aは話し手が「レベルが高い、いい」と思っているもの。AだからBだ、またはAなのにBだという意味。

Because of ...., even if .... A in AにしてB refers to what the speaker values as "high level, excellent." Means that "B because of A," or "B even if A."

因为……所以，而……。以「AにしてB」的形式使用。A是说话人认为「水平高、优秀」的人或物。表示因为是A，所以是B的结果。或者虽然是A，却成了B的结果。

接続　N ＋ にして

<例>
① 還暦にして、やっと人生が楽しいと思えるようになった。
　　I finally felt I was enjoying my life upon becoming 60.
　　到了花甲，才感觉到了人生的乐趣。

② あのピアニストにして、未だに自分の演奏に満足できないことがあるそうだ。

③ ベテラン教師である姉にして、最近の学校教育は問題が多いと感じるらしい。

（2） 意味　～であると同時に

At the same time as ....
作为……同时。

接続　{ナA / N} ＋ にして

<例>
① チューリップは可憐にして個性的な花だ。
　　Tulips are both pretty and unique.
　　郁金香是很可爱，有个性的花。

② この写真の人は、医師にしてタレントだ。

POINT　かたい表現

第3週
2日目

確認テスト

【問題1】 正しいほうに○をつけなさい。

1) 寝起きが悪く、目覚まし時計を（a. 使った b. 使う）ところで、なかなか起きられない。
2) 長年の（a. 友人 b. 友人の）とはいえ、そんな大金は貸せない。
3) いとこは（a. 日本語教師 b. 日本語教師だ）にして、大学院生だ。
4) どんな女優（a. のところで b. にしたって）、彼女の美しさには勝てない。

【問題2】（　　）に入る適当な表現を　　　　から選びなさい。
※同じ表現は一度しか使えません。

| とはいえ　　にして　　にしたところで　　たところで |

1) クラス一の秀才（　　　　　）も、この問題は解けなかった。
2) 土下座し（　　　　　）、彼女は絶対に許してはくれない。
3) 希望大学に合格した（　　　　　）、授業についていけるか心配だ。
4) 人もペットで癒されるが、ペット（　　　　　）愛されて幸せだろう。

【問題３】（　　　　　）に入る最も適当なものを一つ選びなさい。

1）大学の英文科を出たとはいえ、（　　　　　）。
　a．とても頑張った
　b．大学院に進むことにした
　c．英語がペラペラとは言えない

2）今のアルバイトは、朝から晩まで働いたところで（　　　　　）。
　a．けっこう稼げる
　b．大したお金にはならない
　c．とても疲れる

3）妻がパートをするのは気分転換になるが、夫にしたって（　　　　　）。
　a．反対している
　b．悪いことではないだろう
　c．いいことではない

4）天才と呼ばれた彼は、7歳にして（　　　　　）。
　a．100点をとった
　b．小学校に入学した
　c．高校の勉強が理解できた

79ページで答えを確認！

得点　／12

(第3週1日目の解答)
問題1　1）b　2）b　3）a　4）a
問題2　1）と思いきや　2）ともなると　3）ともあろう　4）たる
問題3　1）b　2）c　3）a　4）b

第3週 3日目

〜ではあるまいし / 〜ならいざしらず / 〜ならでは / 〜なりに

「その人」は今どんな立場や状況？

〜ではあるまいし / 〜じゃあるまいし

意味　〜ではないのだから

「AではあるまいしB」で、もしAならわかるが、実際にはAではないのだから当然Bだという話し手の批判や不満などを表す。

It is not as if .... AではあるまいしB expresses the speaker's critical and/or discontented feeling that it should be naturally B because it is not actually A, although it would be more understandable if it were actually A.

因为不是……所以。用「AじゃあるまいしB」的形式，表示要是A的话可以理解，但是实际上因为不是A，所以理所当然地认为是B了。表示说话人的批评或不满。

接続　{ V 辞書形・た形　＋　の (ん) / N } ＋ ではあるまいし / じゃあるまいし

<例>
① 「赤の他人じゃあるまいし、悩みがあるなら私に話してよ。」
　　"I am not a complete stranger to you. You tell me your concerns if you have any."
　　「因为不是毫无关系的人，所以有烦恼就跟我说吧。」
② 子どもではあるまいし、叱られたくらいで泣くなんて情けない。
③ 「移住するんじゃあるまいし、旅行にそんなにたくさん荷物を持って行かなくてもいいんじゃない？」
④ 彼氏が死んだのではあるまいし、そんなに泣くことはないだろう。

POINT　「じゃあるまいし」は話し言葉

〜ならいざしらず

意味 〜ならわかるが

「AならいざしらずB」で、AだったらわかるがA、実際にはAではないので納得できないという話し手の気持ちを表現。
It may be understandable for .... AならいざしらずB expresses the speaker's feeling that "the situation may be understandable if it is A, but I am not convinced because it is not actually A."
如果……就能理解，但是……。用「AならいざしらずB」的形式，表示如果是A的话可以理解了，但是，实际上因为不是A，所以就不能认同。表示说话人的心情。

接続 { V 辞書形・ない形ない / N } ＋ ならいざしらず

<例> ① 都会ならいざしらず、こんな田舎に立派な美術館を造って誰が行くのだろうか。
It is understandable that a big museum is built in a city area, but who would visit it in such a countryside place?
如果是城市的话可以理解，但是在这样的乡下建造气派的美术馆，谁去呢？
② 大金持ちならいざしらず、私なんかにはあのマンションは買えない。
③ 知らないならいざしらず、知っているのに教えてくれないなんて不親切だ。

PLUS 「〜はいざしらず」もよく使われる
例）あの店は人気で、平日はいざしらず、週末はなかなか予約が取れない。

～ならでは / ～ならではの

意味 ～だけの、～の他にはない

「Aならではの」で、Aの他には見られない、Aの個性が出ている状況を表現。
Exclusively for ...., unique to .... Aならではの expresses the situation which is unique to A or has A's own character.
只有……，除非……。用「Aならではの」形式，表示只有A才能实现，表现A个性显现出来的状态。

接続 N ＋ ならでは / ならではのN

<例> ① 全国各地に、その土地ならではの材料を生かした美味がある。
Many places in Japan have delicacies made with ingredients unique to the locality.
全国各地都有利用当地材料做成的有地方特色的美味佳肴。

② 「当ホテルならではの温泉風呂をお楽しみください。」
③ ＤＶＤも便利だが、この迫力は映画館のスクリーンならではだ。

～なりに / ～なりの

意味 ～に合わせて、～に応じて

「AなりにB」で、Aに合ったB、AにふさわしいBという意味。

In accordance with ...., in response to .... AなりにB means that B in accordance with A or that B is appropriate for A.

符合……，适应……。用「AなりにB」的形式，表示适合A的B，或者与A相称的B。

接続
$$\begin{Bmatrix} V \\ イA \\ ナA \\ N \end{Bmatrix} \text{普通形} + \text{なりに / なりのN}$$

<例>
① 会社で出世したら出世したなりにプレッシャーが大きくなる。
　　Promotion in a company is accompanied by increased pressure.
　　如果在公司成功了的话，成功后的压力也相应地变大。
② 芸術家である彼には彼なりの世界観がある。
③ 子どもには子どもなりの悩みがあるようだ。

PLUS 「十分とは言えないが、その力の限りで」という意味もある。

例）「大変な仕事ですが、私なりに頑張ってみます。」

第3週 3日目

確認テスト

【問題1】 正しいほうに○をつけなさい。

1) まだ新人だが、彼女（a. なりに　b. なりの）努力している。
2) 学者に（a. なる　b. ならない）ならいざしらず、博士課程まで進むことはないだろう。
3) （a. 外国語だ　b. 外国語）じゃあるまいし、作文に丸一日かかるなんて信じられない。
4) 家庭料理には、その家（a. ならでは　b. ならではの）味がある。

＊丸一日……一日全部。朝から晩まで

【問題2】　（　　　）に入る適当な表現を　　　　から選びなさい。
　　　　　※同じ表現は一度しか使えません。

ならいざしらず　　なりに　　じゃあるまいし　　ならではの

1) 私の故郷では、海辺の町（　　　　　　　）お祭りが行われている。
2) のん気そうだが、実は彼（　　　　　　　）あれこれ考えているらしい。
3) 「占い師（　　　　　　　）、あなたの将来なんてわからないよ」
4) よその会社（　　　　　　　）、自分の会社の社長も知らないとは呆れる。

＊のん気……何も心配することなく、のんびりとしている様子

【問題3】（　　　　　）に入る最も適当なものを一つ選びなさい。

1）経済的には豊かでも、先進国なりに（　　　　　）。
   a．もっと恵まれているだろう
   b．様々な問題があるのだろう
   c．ますます発展していくのだろう

2）二人きりで食事なんて。親しい関係ならいざしらず、（　　　　　）。
   a．彼は親友だから
   b．彼は単なる知り合いだから
   c．彼とは友達になりたいから

3）（　　　　　）、東京ならではだ。
   a．この便利さは
   b．日本の首都は
   c．田舎に比べて

4）重傷ではあるまいし、（　　　　　）。
   a．大げさだ
   b．安心した
   c．気をつけなさい

85ページで答えを確認！

得点　　／12

(第3週2日目の解答)
問題1　1）a　2）a　3）a　4）b
問題2　1）にして　2）たところで　3）とはいえ　4）にしたところで
問題3　1）c　2）b　3）b　4）c

第3週 4日目

〜というところだ / 〜にたえる / 〜にたえない / 〜に足る

どんな評価か、これでわかる！

〜というところだ / 〜といったところだ

意味 だいたい〜、おおよそ〜

話し手の「もし多くてもこの程度、それ以上ではない」という気持ちを表す。

About ...., approximately .... Expresses the speaker's feeling that "it would be about this level at most, and would not go beyond the level."

基本上……，大概……。表示说话人的「再多也就是这个程度，不会超过这些」的想法。

接続
$$\begin{Bmatrix} V & 辞書形 \\ N & \end{Bmatrix} + というところだ / といったところだ$$

<例>
① 今は帰省する機会があまりなく、年1、2度といったところだ。
　　I don't have much time to return home these days, only about once or twice a year.
　　现在回老家的机会不太多，一年大概就是一两次吧。
② みんな忙しそうなので、明日のクラスの飲み会は出席者7、8人というところだろう。
③ 休日はゆっくりしたいので、出かけるとしても近所で友人とランチをするといったところだ。

POINT Nには数字や程度を表す言葉

～にたえる

意味 なんとか～できる

完璧・十分とはいえないが、なんとか～することができるという判断を表す。

Manage to do .... Expresses the judgment that it is possible to manage to do .... even if it won't be done perfectly or sufficiently.

想办法……就可以……。虽然不是完美或充分，但是能想办法可以做好，表示说话人做出的判断。

接続　{ V 辞書形 / N } ＋ にたえる

<例>
① まだまだ素人だが、やっと鑑賞にたえる絵が描けるようになった。
　　I am still an amateur, but I can now draw a picture which manages to receive appreciation.
　　还是业余爱好者，不过，终于能够画出可以让人欣赏的画了。
② 歌が下手だと言われているバンドだが、最近は聞くにたえる歌も増えてきた。
③ 宇宙での長期滞在にもたえる食品が開発されている。

第3週4日目

〜にたえない

(1) 意味　〜することができない

「Aにたえない」で、あまりにひどくてAができない、続けられないという話し手の判断。

Unable to do .... Aにたえない expresses the speaker's judgment that it is impossible to do or keep doing A because the object of action A or the situation is too terrible.

不能做……。用「Aにたえない」的形式，表示因为过于严厉，A是做不了。表示说话人做出不能继续下去的判断。

接続　V　辞書形　＋　にたえない

<例>　① 同僚同士の陰口は、聞くにたえない。
　　　I cannot bear to listen to backbiting among colleagues.
　　　同事们背地里说坏话，听不下去了。

　　　② 大好きな俳優の初舞台に行ったが、残念ながら見るにたえない内容だった。

(2) 意味　とても強くそれを感じる

Feeling it very strongly.

那种感觉非常强。

接続　N　＋　にたえない

<例>　① 被災された方々を思うと、同情にたえない。
　　　I really feel sympathy for the affected people.
　　　一想到受灾的人们，就产生强烈的同情心。

　　　②「滞在中、皆さまに親切にしていただき、感謝の念にたえません。」

POINT　Nは人の気持ちを表す言葉

～に足る

意味 ～をする価値がある

「十分に～できる」と高く評価する表現。
Worthwhile doing .... Expresses "it can be fully .... " as a high evaluation.
值得做……。表示「满可以做……」的高度评价。

接続 { V 辞書形 / N } ＋ に足る

<例>
① 彼は日本のリーダーの座に足る人物として今後期待されている。
　　He is a promising person considered capable of becoming Japan's leader.
　　他是一个被人们期望可以成为今后的日本领导人的人物。
② あの先生は尊敬するに足る素晴らしい人だ。
③ 新しい社長は、社員が信頼するに足る能力がない。

POINT かたい表現

PLUS 「～に足らない」「～に足りない」で、～する価値がない／～する必要がないという意味

例）「机が汚いって、部長に叱られちゃいました。」
　　「そんなことは取るに足らないことだから、気にしなくていいよ。」

第3週 4日目

確認テスト

【問題1】 正しいほうに○をつけなさい。

1) その映画は大作だったが、内容は（a. 見た b. 見る）にたえないものだった。
2) 今回の災害は、すべての国民にとって悲しみ(a. にたえる b. にたえない)ことだった。
3) 携帯電話のアドレス帳に登録しているのは、(a. 100人 b. 100人だ)というところだ。
4) 残念ながら、彼はあの大学に推薦する（a. にたえない b. に足る）学生ではない。

【問題2】 （　）に入る適当な表現を ☐ から選びなさい。
　　　　　※同じ表現は一度しか使えません。

に足る　　にたえない　　というところだ　　にたえる

1) ネットの掲示板には、見る（　　　　　）書き込みも多い。
2) 夏のボーナスは、出たとしても1カ月分（　　　　　）。
3) 今期の成績は、頑張っただけに満足（　　　　　）ものだった。
4) アマチュアのバンドだが、何とか聞く（　　　　　）演奏だ。

【問題3】（　　　　　）に入る最も適当なものを一つ選びなさい。

1) 彼の歌は、（　　　　　）、聞くにたえない。
   a．音程が外れて
   b．昨日は徹夜したので眠くて
   c．初めて聞くので

2) 昨日のテストの点数は、（　　　　　）。
   a．満点といったところだ
   b．75点といったところだ
   c．0点といったところだ

3) 万が一のため、1週間の生活にたえる（　　　　　）。
   a．食糧を買っておく
   b．料理を作りたい
   c．ことが大切だ

4) （　　　　　）、彼の成績は合格に足るものだった。
   a．筆記も面接も
   b．筆記なり面接なり
   c．筆記やら面接やら

91ページで答えを確認！

得点　　／12

(第3週3日目の解答)
問題1　1) a　2) a　3) b　4) b
問題2　1) ならではの　2) なりに　3) じゃあるまいし　4) ならいざしらず
問題3　1) b　2) b　3) a　4) a

85

第3週 5日目

～ときたら／～とは／～まじき／～ものを

不満をはっきり示す表現

～ときたら

意味 　～は

「AときたらB」で、話し手のAのBという状態への非難や不満を表す。
Regarding.... Aときたら B expresses the speaker's accusation against or discontent with the situation where A is B.
是……。用「AときたらB」的形式，说话人对A是B的状态表示批评和不满。

接続 　N ＋ ときたら

<例> ① あの人ときたら、いつも仕事が中途半端で周囲に迷惑をかけている。
　　　　Regarding that person, he always causes other people problems by doing a halfway job.
　　　　一提起那个人，干活儿总是半途而废的，给周围的人带来麻烦。
② 私のアパートときたら、前の道を大きな車が走るたびに揺れる。
③ 「うちの子ときたら、勉強もしないでゲームばっかりで。」
　 「あら、うちだってそうですよ。」

POINT 　Nには人や物　　話し言葉

～とは

意味 ～なんて

「AとはB」で、話し手がAを知って驚いたり、呆れたりする気持ちを表現。
Surprisingly .... AとはB expresses the speaker's surprise or amazement at knowing A.
何等……。以「AとはB」的形式使用。说话人知道了A后，表示震惊和惊讶。

接続
$$\begin{Bmatrix} V \\ イA \\ ナA \\ N \end{Bmatrix} 普通形 + とは$$

（ただし、ナAとNは「だ」がつかない場合もある）

<例> ① つまらないミスで大切な試験に落ちてしまうとは。
　　　It is surprising that a careless mistake resulted in failing the exam.
　　　由于小小的失误，竟然造成了重要考试的落选。
② あんな料理とサービスでランチが3000円もするとは驚きだ。
③ 英語を10年以上勉強しているのに、日常会話もできないとはどういうことだ。

POINT　「とは」で終わる文も多い

第３週５日目

〜まじき

意味 ぜったいに〜てはいけない、〜すべきではない

人として当然許されない、あってはいけないという話し手の強い気持ちを表現。

Never do ...., should not do .... Expresses the speaker's strong feeling that it should not be permitted or is unworthy for the person in question under any circumstances.

绝对……不行，不应该做……。作为一个人当然不允许、也不应该做。表示说话人这种强烈的心情。

接続 V 辞書形 ＋ まじきN

<例>
① お年寄りからお金を騙し取るなんて、許すまじき行為だ。
It is an unforgivable act to defraud seniors of their money.
骗老人的钱，是不能饶恕的行为。

② 同僚をいじめるなんて、社会人としてあるまじきことだ。

③ 気に入った学生にだけ点数をプラスするなんて、教師にあるまじきことだ。

POINT かたい表現

〜ものを

意味 〜のに

話し手の相手に対する「〜すればよかったのに」という不満や非難など否定的な気持ちを表す。

Ought to have .... Expresses the speaker's negative feelings, such as discontent and accusation, toward the other that "you should have done .....".

却……。说话人对对方表示「做……就好了却……」的不满或批评等否定的想法。

接続
$$\begin{Bmatrix} V \\ イA \quad 名詞修飾型 \\ ナA \end{Bmatrix} + ものを$$

<例>
① 謝罪なら直接会ってすべきものを、彼はメールで済ませた。
An apology should be done in person, but he did it by e-mail.
如果是道歉，就应该当面前来，而他却只发了个电子邮件就了事了。
② あの症状なら、病院に行けば助かったものを。
③ 「私に言ってくれればお金を貸したものを、どうして言ってくれなかったの？」

第3週 5日目

確認テスト

【問題1】 正しいほうに○をつけなさい。

1) あんな軽率なことは、責任者として（a. ある b. あり）まじき発言だ。
2) 「かぜで寝てたの？ 言ってくれれば、お見舞いに行った（a. ものを b. ものか）。」
3) 彼（a. としたら b. ときたら）、いつも約束の時間に30分以上も遅れてくる。
4) あんなに小さかった子が、今やこんなに（a. 美しい b. 美しいだ）とは。

【問題2】（　　）に入る適当な表現を　　　から選びなさい。
※同じ表現は一度しか使えません。

| まじき　とは　ときたら　ものを |

1) あんな人が有名人だというだけで選挙に当選した（　　　　）。
2) 姉（　　　　）、私の大切なバッグを勝手に使っていた。
3) 何回も授業に遅れるなんて、教師にある（　　　　）ことだ。
4) あと3点取れていたら、合格できた（　　　　）。とても悔しい。

【問題3】（　　　　　）に入る最も適当なものを一つ選びなさい。

1）あのルックスでまだ中学生とは、（　　　　　）なあ。
　　a．子どもっぽい
　　b．大人っぽい
　　c．大人らしい

2）粗大ごみをそのまま捨てるなんて、（　　　　　）。
　　a．あるまじきことだ
　　b．あるまじきことに
　　c．あるまじきことを

3）休講だと知っているなら教えてくれればよかったものを、（　　　　　）。
　　a．彼は親切だ
　　b．彼は冷たい
　　c．彼は知っていた

4）父ときたら、昔からいちいち（　　　　　）。
　　a．うるさい
　　b．やさしい
　　c．心配してくれる

97ページで答えを確認！

得点　　／12

(第3週4日目の解答)
問題1　1）b　2）b　3）a　4）b
問題2　1）にたえない　2）というところだ　3）に足る　4）にたえる
問題3　1）a　2）b　3）a　4）a

第4週 1日目

～こそあれ／～こそすれ／～てこそ／～ばこそ

「こそ」は何を強調してる？

～こそあれ

意味 ～けれど

「AこそあれB」で、AではあるけれどそこからB予想することとは違ってBだという意味を表す。

Although .... AこそあれB means that it is A but the result is unexpectedly B.

尽管……但是。用「AこそあれB」的形式，表示虽然是A，但是从那以后却成了跟预想不同的结果B。

接続

$$\begin{Bmatrix} ナAで \\ N \end{Bmatrix} + こそあれ$$

<例>
① この町は交通が不便でこそあれ、自然の多いところが気に入っている。
　　Although public transportation is inconvenient in this town, I do like the town for its abundant nature.
　　尽管这个城市交通不方便，但是看中的是保持良好的自然环境。
② 私の国と日本は、言葉の違いこそあれ共通点も多い。
③ 人生は困難こそあれ、無駄なことは一つもない。

POINT かたい表現

～こそすれ

意味 ～はするが

「Aこそすれ Bない」で、Aはするが絶対にBではないという強い判断を示す。

.... may be done but definitely not　Aこそすれ Bない　expresses a strong judgment that A may be done but definitely not B.

虽然做……，但是……。用「Aこそすれ Bない」的形式表示。虽然做A，但绝对不做B。表示做出有信心的判断。

接続　{ V ます形 / N } + こそすれ

<例>
① 一度嫌になったら、もっと嫌いになりこそすれ、好きになることはない。
　Once you hate it, you may hate it even more, but will never like it.
　一旦讨厌之后，只能更加讨厌，不会变得喜欢。
② こんな夜中にお菓子を食べていたら、太りこそすれ痩せることはないだろう。
③ 彼はファンにサービスこそすれ、冷たい態度をとるような人ではない。

POINT かたい表現

第4週1日目

～てこそ

意味 ～て初めて

「AてこそB」で、Aをして初めてBが成り立つ、Bが成立するためにはAが欠かせないという意味。

Only after .... AてこそB means that B is established only after A or that A is essential for establishing B.

……之后……才。用「AてこそB」的形式，表示做了A之后B才能成立，为了使B成立，A是不可缺少的。

接続 Ｖて形 ＋ こそ

<例> ① 自分で稼いでこそ、お金の価値がわかる。
　　　　Only after earning money yourself will you see the value of money.
　　　　自己挣钱之后，才知道金钱的价值。
② 人の二倍は努力してこそ、成功を手にできる。
③ 言葉だけではなく文化まで理解してこそ、その国を知ったといえる。
④ どんな洋服でも上品に着こなせてこそ、おしゃれな人だ。

*着こなす……自分に似合うようにうまく着る

～ばこそ

意味 ～から

「AばこそB」で、Bのただ一つの理由・原因はAで、他のことではないと強調。より強調するために「～は～ばこそだ」の形もとる。

Because of .... AばこそB emphasizes that the only reason/cause for B is A and not anything else. May be used as ～は～ばこそだ to increase the emphasis.

因为……。用「AばこそB」的形式表示。强调B的唯一理由或原因就是A，而不是其它。进一步强调的时候就用「～は～ばこそだ」的形式。

接続
$$\left\{\begin{array}{l} V\ ば形 \\ イAければ \\ ナAであれば \\ Nであれば \end{array}\right\} + こそ$$

＜例＞
① 「あなたのためを思えばこそ、こんな言いにくいことを忠告するんです。」
"I am telling you such an unpleasant thing because I care about you."
「正因为为你着想，为了劝说你，才说了不便说的话。」
② 楽しければこそ、もっと勉強したいと思う。
③ 元気であればこそ、人生は楽しい。
④ 教育熱心な親であればこそ、子どもに厳しくするのだ。
⑤ 彼があんなに努力するのは、大きな目標があればこそだ。

POINT Bは話し手の積極的な考えや行動

第4週 1日目

確認テスト

【問題1】 正しいほうに○をつけなさい。

1) 果たしたい夢が（a. あればこそ　b. こそあれば）、こんなに頑張れる。
2) 外国を（a. 知って　b. 知った）こそ、自分の国のことがよりわかるようになる。
3) 彼は外見こそ（a. ふつうだが　b. 目立つが）、まれに見る天才少年だ。
4) みんな部長を尊敬（a. こそあれ　b. こそすれ）、不満などない。

【問題2】（　　　）に入る最も適当なものを一つ選びなさい。

1) 留学生活は楽しいことこそあれ、（　　　　　）。
   a. 悲しいこともある
   b. 苦労などまったく感じたことがない
   c. まったく思い出せない

2) 女優という仕事は、みんなに見られてこそ（　　　　　）。
   a. なりたい人が増えている
   b. 私も小さい頃は夢だった
   c. 美しくなるものだ

3) こんなお給料では貯金が減りこそすれ、（　　　　　）。
   a. 増えてほしい
   b. 増えることなんかない
   c. 何とかなるだろう

4) 子どもたちの将来を考えればこそ、（　　　　　）。
   a. 教育改革を訴えている
   b. どうしたらいいのだろうか
   c. 親は大変だ

【問題3】 正しい文に○、間違っているものに×を書きなさい。

1)（　　　）彼女の性格は、人に愛されこそすれ嫌いな人も中にはいる。
2)（　　　）これからの人生は、期待こそあれ不安など全くない。
3)（　　　）家族の愛があればこそ、問題を解決しなければならない。
4)（　　　）国際大会で勝ってこそ、世界レベルに達したと言える。

101ページで答えを確認！

得点　／12

(第3週5日目の解答)
問題1　1) a　2) a　3) b　4) a
問題2　1) とは　2) ときたら　3) まじき　4) ものを
問題3　1) b　2) a　3) b　4) a

第4週 2日目 〜すら / 〜だに / 〜たりとも

「こんなことでも」という話し手の気持ち

〜すら / 〜ですら

意味 〜でも

「AすらB」で、Aを一つの例として挙げ、AでもBだから他のものは当然Bだという意味。

Even .... AすらB means that, taking A as one example, even A results in B, so anything else results in B, of course.

即使……也。用「AすらB」的形式，把A作为一例，说明即使是A，结果也是B，所以其它东西当然就是B的结果了。

接続 N ＋ すら / ですら

＜例＞ ① 急に目まいがして、立つことすらできなくなった。
　　　　I could not stand up because I suddenly felt dizzy.
　　　　忽然感到头晕，连站都站不起来了。
　　② 家族や親友ですら、彼女の悩みに気がつかなかった。
　　③ こんな基本的なことは、小学生ですら知っているのに。

POINT AがBの主格の場合は「ですら」になる

～だに

（1） 意味　～だけでも

「AだにB」で、AをするだけでBというよくない状態になることを表現。Aは大したことがないこと、簡単にできることが多い。

Even only with .... AだにB expresses that even only doing A results in undesirable condition B. A is an insignificant thing or can be done easily.

只做……也是……。用「AだにB」的形式，表示只做A也会造成B这种不好的状态。A不是大不了的事情，是很容易做到的事情。

接続　V 辞書形 ＋ だに

<例>
① あの山が噴火するなんて、想像するだに恐ろしい。
　　Just imagining the mountain erupting makes me terrified.
　　那个山喷火的事情，只是想一想都是很可怕的。
② その事件のことは、聞くだに気分が悪くなる。
③ 彼のことなんかもう大嫌いだ。顔を思い出すだに不快感でいっぱいになる。

POINT　「想像するだに」「考えるだに」「思い出すだに」など慣用的表現
かたい表現

（2） 意味　～も

「Aだに～ない」で、他のことはもちろんAも～ないという意味。

Even .... (not) Aだに～ない means that even A is not .... as well as others, of course.

也……。用「Aだに～ない」的形式，表示不用说其它的事情，就是A也不是……的意思。

接続　N ＋ だに

<例>
① 厳しい訓練では、みな微動だにしなかった。
　　Everyone was still without moving a muscle in the hard training.
　　在严厉的训练中，全体人员一动也没有动。
② 憧れの人とメールアドレスが交換できるなんて、夢にだに思わなかった。

第4週2日目

〜たりとも

意味 たとえ〜も

「Aたりとも B」で、たとえAでも〜ないと強く否定。Aは「少ない、わずか、弱い、小さい」などを表す言葉がくる。

Even if .... A たりとも B expresses a strong denial that "even if A, it is not ...." A is usually a term such as "a few, little, weak, or small."

就算……也。用「Aたりとも B」的形式，表示就算A也不是……的強烈否定。A是「少、一点、弱、小」等词汇。

接続 N ＋ たりとも

<例> ① 小さい頃「農家の人が作ってくれたお米は、一粒たりとも残しちゃダメ」と母によく言われた。

My mother used to tell me when I was little, "Do not waste even one grain of rice because farmers work hard to grow it."

小时候妈妈常说：「农民种的米，连一粒都不能剩下。」

② あんな奴には1円たりとも貸したくない。

③ もうすぐ大切な試験だから、1分たりとも無駄にはできない。

POINT かたい表現

確認テスト

第4週 2日目

【問題1】 正しいほうに○をつけなさい。

1) 姉は、私が元カレのことなど口にする（a. すら b. だに）機嫌が悪くなる。
2) 歩き始めたばかりの赤ちゃんは、一瞬（a. たりも b. たりとも）目を離さないように。
3) 記憶力が衰え、高校時代の親友のフルネーム（a. すら b. だに）忘れてしまった。
4) 大好きなハリウッドスターには一目（a. だに b. にすら）会えないだろう。

【問題2】 (　　) に入る適当な表現を□から選びなさい。
※二度使う表現もあります。

| だに | ですら | たりとも |

1) 明日のコンサートが楽しみで、考える（　　　　）ドキドキする。
2) 大学教授（　　　　）知らないようなことを、普通の中学生が知っていた。
3) 仮設住宅の建設は、1日（　　　　）遅らせることはできない。
4) 数十年前は、携帯電話がここまで普及するとは想像（　　　　）できなかった。

107ページで答えを確認！

得点　/8

(第4週1日目の解答)
問題1　1) a　2) a　3) a　4) b
問題2　1) b　2) c　3) b　4) a
問題3　1) ×　2) ○　3) ×　4) ○

第4週 3日目

～ことなしに / ただ～のみ / ただ～のみならず / ～なくして（は）/ ～なしに

「それをしないで」「それ以外には」の表現

～ことなしに / ～ことなしには

意味 ～しないで

「AことなしにB」で、Aをしないでそのまま B をするという意味。「AことなしにはB」は、本来は必要なAをしないとBという好ましくない状態になってしまうという意味になる。

Without doing .... Aことなしに B means keep doing B without doing A. Aことなしには B means that not taking originally required action A results in unfavorable condition B.

不做……。用「AことなしにB」的形式，表示不做A，就那么直接做B的意思。「AことなしにはB」是，本来要是不做必要的A的话，就会造成B这种不理想的状态。

接続　V　辞書形　＋　ことなしに / ことなしには

<例>
① 中高の6年間は1日も休むことなしに学校に通い、皆勤賞をもらった。

　I attended junior and senior high school without a day of absence during six years, so I got a prize for perfect attendance.

　上初中和高中的6年时间里，一天也没有休息，获得了满勤奖。

② 震災後も帰国することなしに、日本で勉強を続けている。
③ 上司の許可をもらうことなしには、夏の休暇を取ることはできない。

POINT　かたい表現

ただ〜のみ／（ひとり）〜のみ

意味 ただ〜だけ

他のものではない、Aだけだと強調。
Only .... Emphasizes not anything else, but only A.
只是……而已。强调不是其它东西，只是A。

接続 ただ（ひとり） ＋ { V 辞書形 / イAい / N } ＋ のみ

<例>
① 今はただ1日も早い被災地の復興を祈るのみだ。
　　I can now only pray for the earliest possible recovery of the affected areas.
　　现在只能祈愿灾区早日复兴而已。
② ただ優しいのみでは、いい母親とは言えない。
③ 目標達成に必要なのは、ただ努力のみだ。

POINT かたい表現

第4週3日目

ただ〜のみならず／（ひとり）〜のみならず

意味 〜だけではなく

「AのみならずB」で、Aだけではなくもっと広い範囲までということを示す。「ただ（ひとり）」がつくことで、Aだけではないという意味をさらに強調。

Not only .... but AのみならずB means that a wider range, not only limited to A, is covered. Addition of ただ（ひとり）emphasizes "not A alone."

不只是……。用「AのみならずB」的形式，指不只是A，而是更大的範圍。如果連接「ただ（ひとり）」的話，就更加強調不只是A的意思了。

接続

ただ（ひとり） + { V / イA / ナA / N 普通形 } + のみならず

（ただし、ナAは「〜である」、Nは「だ」のない形か「〜である」になる）

<例>
① その医者は、ただ技術のみならず人柄でも多くの患者に信頼されている。
   The doctor is trusted by many patients not only for his skills but also his personality.
   那個醫生，不只是在技術上，在人品上也受到大多數患者的信賴。
② エネルギー問題は、ひとり日本のみならず世界中で大きな議論を呼んでいる。
③ 大学経営は、私立大学のみならず国公立大学でも深刻な課題になっている。
④ A大学は有名であるのみならず、各研究における実績がある。
⑤ このビルは高いのみならず、最新の耐震構造になっている。

POINT かたい表現

＊耐震構造……強い地震があっても崩れないように設計されたしっかりした構造

～なくして（は）

意味 ～なしでは

「AなくしてはB」で、AがなければBという結果、状況になってしまうという意味。Bはよくない結果、好ましくない状況。

Without .... AなくしてはB means that result/situation B occurs without A. B is a negative result or an unfavorable situation.

如果没有……的话。用「AなくしてはB」的形式，表示如果没有A的话，就变成B的结果、状态。B是不好的结果，是不希望的状态。

接続 N ＋ なくして（は）

<例> ① 寄付なくしては、この施設の運営を続けるのは難しい。
　　　　It is difficult to operate this facility without donations.
　　　　如果没有捐款的话，这个设施很难继续经营下去。

② 親の愛情なくしては、情緒豊かな子どもは育たない。
③ 天才とはいえ努力なくして、大成はできない。

POINT かたい表現

第4週3日目

～なしに / ～なしには

意味 ～しないで

「AなしにB」で、AをしないでBをする。「AなしにはB」は、AをしなければBは成立しないという意味。

Without doing .... A なしに B means doing B without doing A. A なしには B means that B would not be established without doing A.

不做……。用「AなしにB」的形式,表示不做A就直接做B。「AなしにはB」是,要是不做A的话,B不能成立的意思。

接続 N ＋ なしに / なしには

<例> ① 管理人の許可なしに、この施設を使用しないこと。
Do not use this facility without permission of the manager.
没有管理员的许可,不要使用这个设施。

② 言い争うことなしに、無事に二つのグループの意見がまとまった。

③ その老人の体験談は、涙なしには聞けない。

確認テスト

第4週 3日目

【問題1】 正しいほうに○をつけなさい。

1）彼女は人に相談する（a. ことなしには　b. ことなしに）イギリスへの語学留学を決めた。
2）食糧問題はただ日本（a. ならずのみ　b. のみならず）全世界共通のテーマだ。
3）日本の首相にふさわしいのはA氏（a. なくして　b. のみ）他にいない。
4）今回の優勝は彼（a. なしには　b. をなしに）成し得なかっただろう。

【問題2】 （　　）に入る適当な言葉を □ から選びなさい。
※同じ言葉は一度しか使えません。

リーダーシップ　　しょうにん　　いのる　　かよう

1）やれることはやったので、あとはただ（　　　　　）のみだ。
2）彼の（　　　　　）なくしては、このプロジェクトは成功しない。
3）娘の友達は、一度も塾に（　　　　　）ことなしに東京大学に合格したそうだ。
4）A国は国連の（　　　　　）なしに、B国への干渉に踏み切った。

113ページで答えを確認！

得点　　／8

(第4週2日目の解答)
問題1　1）b　2）b　3）a　4）a
問題2　1）だに　2）ですら　3）たりとも　4）だに

第4週 4日目　～あっての / ～とあれば / ～ないまでも / ～までもない / ～をおいて

この条件なら結果はどうなる？

～あっての

意味　～があるから

「AあってのB」で、Aがあって初めてBが成立する、AがなければBは成り立たないことを表す。
Owing to .... A あっての B means that B can be established only after A or that B cannot be established without A.
因为有了……才……。用「AあってのB」的形式，表示因为有了A，B才能成立，如果没有A的话，B就不能成立。

接続　N ＋ あってのN

<例>
① その学者のノーベル賞受賞は、人知れぬ努力あっての栄光だ。
　　The glory of the Nobel Prize for the scholar is owing to his undisclosed amount of effort.
　　那个学者获得诺贝尔奖，是因为付出了别人无法知道的努力才得到的荣誉。
② 芸能人というのは、ファンあっての職業です。
③ 結婚は相手あってのことだから、一人ではどうにもならない。

～とあれば

意味 ～なら

「AとあればB」で、他の条件では違うがAという条件なら可能だ、理解できることを表す。
If.... AとあればB means that condition A may make B possible or understandable but not any other condition.
……的话。用「AとあればB」的形式，表示在其它条件不行，但是在A条件的话就可以，表示可以理解。

接続
$$\begin{Bmatrix} V \\ イA \\ ナA \\ N \end{Bmatrix} 普通形 + とあれば$$

(ただし、ナAとNは「だ」がつかないことが多い)

<例>
① イケメンでお金持ちとあれば、女性にもてるのもうなずける。
　　If he is good looking and rich, I can understand that he is attractive to ladies.
　　如果又是帅哥，又有钱的话，受女性的欢迎也是能理解。
② 大切な家族のためとあれば、どんな苦労でもできる。
③ アカデミー賞をとったとあれば、日本でもヒットは間違いないだろう。
④ テレビで紹介された人気店とあれば、予約せずには入れない。

〜ないまでも

意味 〜ほどではないが

「AないまでもB」で、Aという高いレベル、極端なところまではいかないが、それに近い程度だという意味。

Not more than .... A ないまでも B means that the level is not the high or extreme level A but close to it.

尽管达不到……程度。用「AないまでもB」的形式，表示尽管达不到A这种高水平或顶点，但是达到接近那个程度的意思。

接続 V ない形 ＋ ないまでも

<例>
① 世界地図制覇とは言わないまでも、今まで多くの国を旅してきた。

I wouldn't say that I visited every country on the world map, but I have travelled in many countries.

尽管不能说达到世界地图之王的程度了，但是至今到许多国家旅行过。

② 昨日の試験は、満点とはいかないまでも、80点くらいは取れたと思う。
③ 大企業の社長にはなれないまでも、自分の会社はもちたいと考えている。
④ 恋人とまではいかないまでも、彼女とはとてもいい関係だ。

～までもない / ～までもなく

意味 ～する必要がない

「AまでもなくB」で、Aをする必要はない、Aをしなくても当然Bだという話し手の判断を示す。

No need to .... A までもなく B describes the speaker's judgment that there is no need to do A for B or that B is naturally established without doing A.

没必要……。用「AまでもなくB」的形式，表示没有必要做A，即使不做A当然也得到B的结果。表示说话人的判断。

接続 V 辞書形 ＋ までもない / までもなく

<例> ① 電話で済む用件なら、わざわざ先方のオフィスに行くまでもないだろう。
   If you can talk about the matter over the phone, you don't need to go all the way to visit their office.
   如果打电话就可以解决的问题的话，就没必要特意去对方的办公室了。

② 彼はいうまでもなく戸籍上は日本人だが、アメリカの永住権も持っている。

③ 結果を待つまでもなく、今回の試験は合格できたという自信がある。

第4週4日目

〜をおいて

意味 〜の他に、〜以外に

「Aをおいて〜ない」で、A以外にはいない、Aだけだという話し手の判断を意味し、Aには高い評価やレベルをもつ人・物がくる。

Other than ...., except for .... Aをおいて〜ない describes the speaker's judgment that there is not anything else but A, or that there is only A. A is a highly-acclaimed person or thing.

……之外，……以外。用「Aをおいて〜ない」的形式，表示除了A之外没有其它的，说话人判断为只有A。A是受到高度评价或具有高水平的人或物。

接続 N ＋ をおいて

＜例＞
① このチームをまとめられるのは、彼をおいて他には考えられない。
　　Nobody except for him can possibly pull this team together.
　　能把这个队伍凝聚起来的，除了他之外没有其他人。

② 私が入りたい大学は、尊敬する教授がいるあの大学をおいて他にはない。

③ 結婚を決めたのは、彼をおいて理想の人とは出会えないと思ったからだ。

POINT かたい表現

確認テスト

第4週 4日目

【問題1】 正しいほうに○をつけなさい。

1) 日本代表には優勝とは（a. いわないまでも　b. いうまでもなく）、ベスト8に入ってほしい。
2) サービス業はお客様（a. とあれば　b. あっての）仕事だから、何かと気を遣うだろう。
3) 親友の結婚式（a. をおいて　b. とあれば）何があっても出席しなければ。
4) 先生に確認する（a. までもない　b. までもなく）明日テストが実施される。

【問題2】（　　）に入る適当な表現を　　　　　から選びなさい。
※同じ表現は一度しか使えません。

```
ないまでも    までもなく    をおいて
    とあれば    あっての
```

1) ビートルズはいう（　　　　　　）、歴史に残る偉大なグループだ。
2)「社長の代理を任せられるのは、あなた（　　　　　　）他にいないんです。」
3) 台風とはいか（　　　　　　）、明日は全国的に荒れるらしい。
4) 会社の命令（　　　　　　）、たとえ地球の裏側にでも行く。

119ページで答えを確認！

得点 /8

(第4週3日目の解答)
問題1　1) b　2) b　3) a　4) a
問題2　1) いのる　2) リーダーシップ　3) かよう　4) しょうにん

第4週 5日目

〜いかんだ / 〜いかんによらず / 〜といえども / 〜をもってすれば

いい結果はどうしたら生まれる？

〜いかんだ / 〜いかんで / 〜いかんによって / 〜いかんでは / 〜いかんによっては

意味　〜によって、〜次第で

「AいかんでB」で、AがどうかによってBが決まる。BはAという条件に左右される。
Due to ...., depending on .... AいかんでB means that B is decided by A or that B is affected by condition A.
依据……而定，根据……而定。用「AいかんでB」的形式，表示根据A的情况决定B。B受A条件的影响。

接続　N（の）＋　いかんだ / いかんで / いかんによって / いかんでは / いかんによっては

<例>
① 健康診断の結果いかんでは、精密検査をしなければならない。
　You may have to receive a detailed examination depending on the result of the health check.
　根据健康检查的结果，决定是否必须进行细致的检查。
② 親の育て方いかんで、子どもの人格は大きく変わる。
③ 今のままでは厳しいが、努力いかんでは合格できるかもしれない。

POINT　かたい表現

～いかんによらず／～いかんにかかわらず／～いかんを問わず

意味　～に関係なく

「AいかんによらずB」で、Aがどうかに関係なくBだ。BはAには左右されない。
Regardless of .... AいかんによらずB means that B occurs regardless of A or that B is not affected by A.
与……无关。用「AいかんによらずB」的形式，表示与A如何没有关系，就是B。B不受A的影响。

接続　N（の）　＋　いかんによらず／いかんにかかわらず／いかんを問わず

<例>　① 背景のいかんによらず、犯罪は許されることではない。
　　　　Regardless of backgrounds, crimes are not something that can be forgiven.
　　　　不管背景如何，犯罪是不可原谅的。
　　② 「合否のいかんにかかわらず、結果は文書でお送りします。」
　　③ 経験のいかんを問わず、やる気がある若者を当社で採用したい。

POINT　かたい表現

第4週5日目

～といえども

意味 ～けれども、～でも

「Aといえども B」で、Aというような特別なケース、状況でも Bだ。
Although ...., even if .... AといえどもB means that B occurs even in special case/situation A.
尽管……但是，即使……也。用「AといえどもB」的形式，表示即使在A这种特殊的情况下还是B。

接続
$$\left\{\begin{array}{l} V \\ イA \\ ナA \\ N \end{array}\right\} \text{普通形} + といえども$$

<例>
① ボランティアが増えているといえども、まだまだ足りない状況だ。
　　Although the number of volunteers is increasing, we still don't have enough.
　　尽管志愿者在增加，但还是不够。
② 都会は便利といえども、自然災害には弱いと言われている。
③ 人間的には優しいといえども、経済力がないのは大きなマイナスだ。
④ どんな悪人といえども、多少の良心はあるだろう。

POINT Nに接続する文が多い　　かたい表現

～をもってすれば

意味　～を使えば

「Aをもってすれば B」で、大変な状況であってもAという手段、ものを有効に使えばBといういい結果が出せる、何とかなるという話し手の判断。

By using .... Aをもってすれば B describes the speaker's judgment that good result B can be achieved somehow by using means/thing A effectively even in a tough situation.

使用……的话。用「Aをもってすれば B」的形式，表示即使处于非常的状态下，有效地利用A这种手段或东西的话，也能达到B这种结果。表示说话人做出最终能实现的判断。

接続　N ＋ をもってすれば

<例>
① 彼女の深い愛情をもってすれば、今の学校教育を変えることは不可能ではない。
　　Utilizing her deep devotion, it is not impossible to change the current school education.
　　如果她充满爱心的话，要改变现在的学校教育也不是没有可能性的。
② 彼女の才能をもってすれば、世界的なコンクールでも優勝できるだろう。

PLUS　「～をもってしても」で、その手段を使ってもいい結果は出せないという意味になる。

① チームの団結力をもってしても、ライバルには勝てなかった。
② 彼の経済力をもってしても、彼女の愛を手に入れることはできない。

参考） 第1週　5日目「～をもって」

第4週 5日目

確認テスト

【問題1】 正しいほうに○をつけなさい。

1) 選挙の結果（a. いかんによって　b. いかんには）、国の未来が大きく変わる。
2) 親しい仲（a. といえども　b. いかんで）、きちんと礼儀は守るべきだ。
3) 不断の努力（a. いかんを問わず　b. をもってすれば）、目標は達成できる。
4) 当社は学歴の（a. いかんのよらず　b. いかんによらず）、能力で採用を決めている。

【問題2】 （　　）に入る適当な表現を□から選びなさい。
※同じ表現は一度しか使えません。

いかんによらず　　をもってすれば　　いかんでは　　といえども

1) 年齢の（　　　　　　　　）、誰でもこのプログラムに応募できる。
2) 医師（　　　　　　　　）、自分の病気を見過ごすこともある。
3) 気候の（　　　　　　　　）、この植物は育てにくい。
4) 最新医療（　　　　　　　　）、難病も完治できる日が来るだろう。

【問題3】 1〜4の各文に続くものを、a〜dからそれぞれ選びなさい。

1）ハードな仕事だが、待遇いかんでは
2）たとえ小学生といえども、
3）社員の賛否によらず、
4）誠意をもってすれば、

　a．生活習慣病になるケースがある。
　b．引き受けてもいいと思っている。
　c．相手もきっと許してくれるはずだ。
　d．社長は事業を拡張させている。

123ページで答えを確認！

得点　／12

（第4週4日目の解答）
問題1　1）a　2）b　3）b　4）b
問題2　1）までもなく　2）をおいて　3）ないまでも　4）とあれば

第5週 1日目

～だの～だの / ～といい～といい / ～といわず～といわず

同じ例示でも、話し手の気持ちはいろいろ！

～だの～だの

意味 ～や～、～とか～とか

いくつかの例をあげて「こんな（大したことがない）ことで」という話し手の不満を述べる言い方。
.... as well as ...., ... and ...., etc. Expresses with some examples the speaker's discontent with "such a (trivial) thing."
……或者……，……啦……啦。举几个例子来表示说话人的「就这么点儿事儿（不是大事情）」的不满的说法。

接続

$$\begin{Bmatrix} V \\ イA \\ ナA \\ N \end{Bmatrix} 普通形 + だの + \begin{Bmatrix} V \\ イA \\ ナA \\ N \end{Bmatrix} 普通形 + だの$$

<例>
① 車両故障だの信号トラブルだの、電車の運転見合わせが多い。
There are many cases of suspending train operations, such as due to car troubles and signal troubles.
因车辆故障或者信号故障等，电车停运的情况很多。

② 自分で選んだくせに、アパートが狭いだの古いだの、妹はいつも文句ばかり言っている。

③ 新入社員はコピーとりだの電話番だの、簡単なことしかやらせてもらえない。

第 5 週 1 日目

〜といい〜といい

意味　〜も〜も

あるものについてコメントする時にいくつか例をあげ、「これもあれも、どれをとっても」という、話し手が持ついい印象や評価を表す表現。

.... as well as .... Expresses the speaker's positive impression and evaluation when commenting on a certain thing by taking some examples.

……也……也。对某种事物进行评价时，举「这也、那也、无论哪个都是」等几个例子，表示说话人持有的好印象或评价。

接続　N ＋ といい ＋ N ＋ といい

<例>
① ルックスといい人柄といい、彼女は申し分のない女性だ。
　　She is a perfect woman with good looks as well as good personality.
　　她不仅容貌好，人品也很好，是一个无可挑剔的女性。
② 立地条件といい雰囲気といい、このカフェは若者のニーズにぴったりだ。
③ デザインといい値段といい、この店の服はお金持ち向けという感じだ。

第5週1日目

～といわず～といわず

意味　～だけでなく

特定のケースだけではなく、すべて（なに、いつ、どこ、だれ、なに　他）においてそれが言えるということを強調したい時の表現。

Not only .... Expresses with emphasis that a certain thing always holds true (whatever, whenever, wherever, whoever, etc.), not in a special case.

不只是……。表示强调不只是在特殊的情况下，而是在所有（什么、何时、何地、何人等）的情况下都可以那么说的时候使用的一种表现方式。

接続　N ＋ といわず ＋ N ＋ といわず

<例>
① 引きこもりの息子は、昼といわず夜といわずパソコンに向かっている。
　　The socially withdrawn son sits in front of a computer all day and all night.
　　呆在家中的儿子，不管是白天还是夜晚都坐在电脑前玩电脑。
② 国際弁護士の友人は、国内といわず海外といわず年中出張している。
③ 友人は動物が大好きで、犬といわず猫といわずペットにしている。

第5週 1日目 確認テスト

【問題1】 正しいほうに○をつけなさい。

1) このアパートは（a. 間取りだの家賃だの　b. 間取りといい家賃といい）、申し分ない。
2) 兄は私のことを（a. 生意気だのわがままだの　b. 生意気といわずわがままといわず）いじめる。
3) 母は（a. 美術館といわず映画館といわず　b. 美術館といい映画館といい）しょっちゅう出かけている。
4) 妹はバイト代が出るとすぐ（a. バッグだの靴だの　b. バッグといい靴といい）、物を買ってしまう。
5) （a. 値段といいデザインといい　b. 値段といわずデザインといわず）理想のコートに出会えた。

【問題2】 （　　）に入る最も適当なものを一つ選びなさい。

1) 彼女は夏といわず冬といわず、（　　　　　）。
   a. 学校に通っている　　b. ボーナスをもらう　　c. かぜをひいている
2) 課長は給料が安いだの休みが少ないだの、（　　　　　）。
   a. 会社を辞めるらしい　b. 不満ばかり言っている　c. 会社が嫌いだ
3) あのアスリートは人気といい実力といい、（　　　　　）。
   a. 頑張ってほしい　　b. 群を抜いている
   c. オリンピックに出るだろう

129ページで答えを確認！

得点 ／8

(第4週5日目の解答)
問題1　1) a　2) a　3) b　4) b
問題2　1) いかんによらず　2) といえども　3) いかんでは　4) をもってすれば
問題3　1) b　2) a　3) d　4) c

第5週 2日目 ～（よ）うが／～（よ）うが～まいが／～であれ／～なり～なり

どんな状況でも、どんな方法でも！

～（よ）うが／～（よ）うと

意味 ～ても

どんなに～でも結果や状況は変わらないということ。

Even if .... Means that the result or situation would not change even if .....

即使……也。表示无论……，结果或情况也不会变。

接続

$$\left\{\begin{array}{l} \text{V 意向形} \\ \text{イAかろう} \\ \text{ナAだろう} \\ \text{Nだろう} \end{array}\right\} + \text{が／と}$$

＜例＞

① どんなに安かろうが、あんな粗悪商品は買いたくない。
　　Even if it is very cheap, I don't want to buy such a low-quality product.
　　即使再便宜，也不想买那样的低劣商品。
② 両親にどんなに反対されようと、日本で就職するつもりだ。
③ みんなに嫌われようが、私は自分の意志を通したい。
④ 今どき、安かろう悪かろうでは商品は売れない。

POINT ナAとNは「であろう」もあり

～（よ）うが～まいが / ～（よ）うと～まいと

意味　～ても～なくても

相対する二つの状況のどちらでも、結果や状況は同じだと言いたい時の表現。
Even if doing .... or not doing .... Expresses that the result/situation will be the same under two opposing situations.
……做……或不做……。表示无论做相对的两个情况中的哪一个，结果或情况是相同的。

接続　V 意向形 ＋ が／と ＋ V 辞書形 ＋ まいが／まいと

<例>
① 私が賛成しようがするまいが、その議案は通ってしまうだろう。
　　Regardless of my approval or disapproval, the bill will be passed eventually.
　　不管我赞不赞成，那个议案还是能通过吧。
② 雪が降ろうが降るまいが、1月の雪まつりは中止できない。
③ ボーナスが出ようが出るまいが、私はこの会社を辞めるつもりはない。

第5週2日目

～であれ / ～であれ～であれ

意味 ～でも、～でも～でも

「AであれBであれC」で、AやBという例をとりあえずあげ、その状況でもCという結果になる。話し手の主観的な意見が多い。

Even if ...., even .... or .... AであれBであれC means that examples of situations A and B result in C. Often expresses a subjective opinion of the speaker.

或者……，或者……或者……。用「AであれBであれC」的形式，例举A或B的例子来说明无论是哪个情况都得到C的结果。多表示说话人的主观意见。

接続 N ＋ であれ

<例>
① どんな肩書であれ、人間は謙虚さを忘れてはいけない。
People should remain humble regardless of their titles.
无论是什么头衔，都不能忘记谦虚。
② 田舎であれ都会であれ、「住めば都」と言うではないか。
③ 学生であれ社会人であれ、マナーは守らなければならない。

POINT かたい表現
Vの場合は「～にしても～にしても」を使う

～なり～なり

意味 ～でもいいし～でもいいし

「AなりBなり」で、手段・方法の例をあげて、AでもBでもいいからという話し手から聞き手へのアドバイス、依頼を表す。「～なり（なんなり）」の形もある。
Both .... and .... are okay AなりBなり shows the speaker's advice/request to the other regarding examples of means and methods, such as A and B. May be used as ～なり（なんなり）.
……也好，……也好。用「AなりBなり」的形式，例举手段和方法，表示说话人对听话人提出"A也好B也好"的建议和委托。也有「～なり（なんなり）」的形式。

接続　{ V 辞書形 / N } ＋ なり

<例> ① ストレスがたまったら、友達と会うなり、映画を見るなりして気分転換した方がいい。
When you are stressed out, you had better refresh yourself by meeting your friends or going to see a movie.
如果感到压力很重的话，还是去见一下朋友啦，或看一场电影啦，改变一下心情为好。
② 「参加するかどうかは、明日までにメールなり電話なりで連絡してください。」
③ 「文法についてわからないことは、辞書で調べるなりなんなりしてください。」

POINT　過去には使えない
　× 遠距離恋愛中は、メールなり電話なりした。

第5週 2日目

確認テスト
かくにん

【問題1】 正しいほうに○をつけなさい。

1）(a. 有名人であれ誰であれ　b. 有名人なり誰なり)、礼儀は基本だ。
2）誰に（a. 邪魔されようと　b. 邪魔されると）、私は夢をあきらめない。
3）申し込みは、(a. メールなり電話なり　b. メールであれ電話であれ) でどうぞ。
4）どんなに（a. おいしかろうと　b. おいしいかろうと）、この値段は納得できない。

【問題2】 1〜4の各文に続くものを、a〜dからそれぞれ選びなさい。

1）外国人であれこの国にいるなら、
2）今からどんなに頑張ろうが、
3）お金があろうとあるまいと、
4）スーパーの惣菜なりデリバリーなり、

　a. 誠実な人ならいい。
　b. 1億円は貯められないだろう。
　c. 消費税は払わなければ。
　d. 夕食は適当に済まそう。

＊惣菜……日常的に食べる、ごはんの時のおかずなど
＊デリバリー……ピザやお弁当など配達してくれるサービス

【問題3】 正しい文に○、間違っているものに×を書きなさい。

1)（　　）子どもであれ大人であれ、彼は子どもっぽい。
2)（　　）来年留学しようと、今は準備をするしかない。
3)（　　）嫌なことは泣くなりなんなりして忘れなさい。
4)（　　）彼に彼女がいようといるまいと、私の気持ちは変わらない。

135ページで答えを確認！

得点 　／12

(第5週1日目の解答)
問題1　1）b　2）a　3）a　4）a　5）a
問題2　1）c　2）b　3）b

第5週 3日目

〜こととて / 〜とあって / 〜べく / 〜ゆえ

理由や状況を説明するフォーマルな表現

〜こととて

意味 〜から

「〜という状況なので」と理由・原因を説明したい時の表現。
Because .... Expresses a reason/cause as "since the situation is ....."
因为……。「是因为……情况」说明那样理由和原因时的表达方式。

接続

$$\left\{\begin{array}{l} V \\ イA \\ ナA \\ Nの \end{array}\right\} 名詞修飾型 + こととて$$

（ただし、Vの否定は「〜ぬ」でもOK）

<例> ① 今回の海外転勤は家族もいることとて、すぐには返事できない。
I cannot give you a response about this overseas transfer right now because it also involves my family.
此次海外调动工作的事，因为有家属，所以不能马上回答。

② プロポーズされたが、あまりに急なこととて少し時間をもらうことにした。

③「田舎のこととて、素朴な料理しかお出しできませんが。」

④「まだ子どものこととて、息子の失礼をお許しください。」

POINT かたい表現

～とあって

意味 ～ので

「AとあってB」で、通常とは違いAなのでBという特別な状況になった、と話し手が言いたい時の表現。
Since .... AとあってB expresses that irregular situation A results in special situation B.
因为……。用「AとあってB」的形式，表示说话人想说"因为跟平时不同是A，所以就成了B这种特殊的情况。"时的表达方式。

接続

$$\begin{Bmatrix} V \\ イA \\ ナA \\ N \end{Bmatrix} 普通形 + とあって$$

（ただし、ナAとNは「だ」がつかないことが多い）

<例> ① 人気の韓流スターが来日するとあって、空港には3000人以上の女性が集まった。
Since a popular Korean star was visiting Japan, more than 3,000 women came to the airport.
因为深受欢迎的韩流明星来日本，所以有3000多名女性聚集在了机场。
② ゴールデンウィーク中の晴天とあって、行楽地はどこもすごい人出だ。
③ このマンションは駅から近いとあって、すでに完売したそうだ。
④ 彼女はクラスで一番きれいとあって、男子の間でファンクラブまでできている。

第5週3日目

〜べく

意味 〜しようと思って

「AべくB」で、Aというはっきりした目的をもって、それを実現するためにBをするという意味。
With intent to do …. AべくB means doing B in order to realize clear purpose A.
想做……。用「AべくB」的形式，表示抱着A这种明确的目的，为了实现这个目的而做B的意思。

接続 V 辞書形 ＋ べく

（ただし、「する」は「するべく」「すべく」どちらでもOK）

<例> ① 定年後の第二の人生をスタートすべく、故郷に家と畑を買った。
　　　I bought a house and land in my hometown to begin my second life after retirement.
　　　退休后打算开始第二人生，就在故乡买了房子和田地。
② 自分の会社を持つべく、大学で経営学を学んでいる。
③ たまった借金を返済すべく、アルバイトを二つも増やした。

POINT Bには依頼や命令は使えない
× 合格すべく、勉強しなさい。

かたい表現

〜ゆえ / 〜ゆえに / 〜ゆえの

意味　〜から、〜のため

理由・原因。「〜がゆえ」の形で、特に理由・原因を強調する場合も多い。
Since ...., because of .... Expresses a reason/cause. 〜がゆえ often emphasizes particularly a reason/cause.
因为……，为了……。理由或原因。用「〜がゆえ」的形式，多用于强调特殊的理由或原因。

接続

$$\left\{\begin{array}{l} V \\ イA \\ ナA \\ N \end{array}\right\} \text{名詞修飾型} + ゆえ / ゆえに / ゆえのN$$

（ただし、ナAの「な」、Nの「の」はつかないこともある）

<例>　① この二つの三角形は各辺の長さが等しい。ゆえに、この二つは合同である。
The lengths of the corresponding sides of these two triangles are equal. Therefore, these triangles are congruent.
因为这两个三角形的各边长度相等。所以，这两个全等。

② 彼のあんな言動も、若さゆえのことと許してあげてほしい。
③ 社長を信頼しているがゆえに、給料が減っても辞める人はいない。

POINT　**かたい表現**
「〜がゆえに」の形をとることもある

第5週 3日目 確認テスト

【問題1】 正しいほうに○をつけなさい。

1) マスコミを賑わせた事件（a. とあって　b. こととて）、裁判には早朝から多くの人が並んだ。
2) 「担当者不在の（a. こととて　b. ゆえ）、今はお答えしかねます。」
3) フランスで絵画を学ぶ（a. べく　b. とあって）、アルバイトで資金を貯めている。
4) 彼は無知（a. こととて　b. ゆえ）、こんな過ちを犯してしまったのだ。

【問題2】 （　）に入る適当な表現を　　　　から選びなさい。
※同じ表現は一度しか使えません。

とあって　　こととて　　ゆえの　　べく

1) 「入院中の（　　　　　　）、そちらまで伺えず申し訳ありません。」
2) 今までの人生を見つめ直す（　　　　　　）、しばらく旅に出ることにした。
3) 母親（　　　　　　）悩みを持つ人たちが集まって、サークルを立ち上げた。
4) クリスマス前（　　　　　　）、デパートは買い物客で賑わっている。

【問題3】（　　　　　）に入る最も適当なものを一つ選びなさい。

1）妹はファッションモデルになるべく、（　　　　　）。
   a．背が高い
   b．事務所に入った
   c．私にそう言った

2）旅行シーズンの三連休とあって、（　　　　　）。
   a．ツアー料金はいつもの二倍だ
   b．食べ物がおいしい
   c．私はのんびりするつもりだ

3）やさしい性格ゆえ、（　　　　　）。
   a．彼は社長になった
   b．彼は何でも引き受けてしまう
   c．彼は評判がよくない

4）海外出張中のこととて、（　　　　　）。
   a．毎日料理をしている
   b．今、仕事をしていない
   c．友人の結婚式に出られない

139ページで答えを確認！

得点　／12

（第5週2日目の解答）
問題1　1）a　2）a　3）a　4）a
問題2　1）c　2）b　3）a　4）d
問題3　1）×　2）×　3）○　4）○

135

第5週 4日目 〜とばかりに／〜んがため／〜んばかりだ

頭に浮かぶのはこんなイメージ！

〜とばかりに

意味 まるで〜というように

「AとばかりにB」で、実際にAではないが、いかにもそういう様子でBをするという意味。Aという感情がはっきり見えているということ。

Just as if it were .... AとばかりにB means doing B as if it is actually A although it is not actually A. The feeling A is obvious.

好像……一样。用「AとばかりにB」的形式，表示虽然实际上不是A，但是，想方设法象A那样做B的意思。能够明显地看出A那种感觉。

接続
$$\left\{\begin{array}{l} V\quad 普通形・命令形 \\ イA \\ ナA\quad 名詞修飾型 \\ N \end{array}\right\} + とばかりに$$

＜例＞
① 親子げんかをした時、父は出て行けとばかりに玄関を指差した。

When I had a family quarrel, my father pointed to the front door as if he was suggesting to me that I get out of our house.

父子吵架时，爸爸指着门口，好像要让孩子出去似的。

② 注文した料理が来ると、子どもたちは待ってましたとばかりに食べ始めた。
③ その学生はつまらないとばかりに、授業とは無関係な本を読み出した。
④ 祖父はフォークを手に取ったものの、不便だとばかりに、はしに替えた。

～んがため / ～んがために / ～んがための

意味 ～という目的のために

「Aんがために B」で、強い意志をもって実現したい目的のためにBという努力をするという意味。
For the purpose of .... Aんがために B means making effort B in order to realize desired purpose A with a strong intention.
为了……目的。用「Aんがために B」的形式，表示抱着强烈的意志，为了想要实现目的，而做B这种努力的意思。

接続　V　ない形　＋　んがため / んがために / んがためのN
（ただし、「する」は「せんがため」になる）

<例>
① 災害から復興せんがために、地域が一つになって頑張っている。
　　The community is working hard together for the purpose of recovering from the disaster.
　　为了从灾害中复兴，全地区齐心协力地努力着。
② 祖父は100歳まで生きんがために、食生活にはとても気をつけている。
③ 自分の夢を実現せんがための努力なら、まったく辛くはない。

POINT　かたい表現

第5週4日目

～んばかりだ / ～んばかりに / ～んばかりの

意味 まるで（今にも）～しそうな様子で

「Aんばかりに B」で、客観的に見て今にも A をしそうなほどのパワーや迫力があるという意味。
As if .... occurs (anytime now) A んばかりに B means that it looks so full of power or force that A will occur anytime now.
好像（马上）……要做似的。用「A んばかりに B」的形式，表示从客观上来看，好像有马上就可以做 A 的能力或迫力的意思。

接続 V ない形 + んばかりだ / んばかりに / んばかりの N
（ただし、「する」は「せんばかり」になる）

<例>
① 今にも殴りかからんばかりに、彼は私をにらんだ。
　He glared at me as if he was going to swing his fist at me.
　好像马上要打似的，他瞪着我。

② サプライズのお祝いに、彼女は飛び上がらんばかりに喜んだ。
③ 愛犬にえさをあげると、ありがとうと言わんばかりにしっぽを振った。
④ 母親はあふれんばかりの愛情を子どもに注いだ。

POINT 自分自身のことには使わない
　× 今にも殴りかからんばかりに、私は彼をにらんだ。

「～と言わんばかりに」は慣用表現

第5週 4日目 確認テスト

【問題1】 正しいほうに○をつけなさい。

1) 注意すると、「うるさい」と（a. 言うばかりに b. 言わんばかりに）弟は私を見た。
2) 様々な困難を（a. 克服する b. 克服せん）がため、努力を惜しまない。
3) 問題が難しかったのか、ギブアップ（a. とばかりに b. とばかりの）、彼は両手を上げた。
4) 今度の大会で（a. 優勝しん b. 優勝せん）がために、毎日早朝トレーニングを積んでいる。
5) 事件を起こした会社の社長は、頭を床に（a. つけんばかりに b. つけたばかりに）深々と謝罪した。

*ギブアップ……何かの途中で、ダメだとあきらめること

【問題2】（　）に入る適当な動詞を　　　から選びなさい。必要なら適当な形に変えましょう。
※同じ動詞は一度しか使えません。

| 待つ | 送る | 言う |

1) 自分らしい人生を（　　　　　　）がため、今を大切に生きようと思う。
2) 私のスピーチを聞いて、親友は「やったね」と（　　　　　　）ばかりに親指を立てた。
3) ファンがいっせいに会場に入ろうとしたため、（　　　　　　）とばかりに係員が止めた。

145ページで答えを確認！

得点　　/8

(第5週3日目の解答)
問題1　1) a　2) a　3) a　4) b
問題2　1) こととて　2) べく　3) ゆえの　4) とあって
問題3　1) b　2) a　3) b　4) c

第5週 5日目

～にとどまらず / ～にひきかえ / ～にもまして / ～はおろか / ～もさることながら

これとそれを比べると、結論はどうなる？

～にとどまらず

意味 ～だけではなく、～をこえて

「AにとどまらずB」で、Aという狭い範囲をこえて、もっと広いところにまで影響や力がとどくという意味。そのことがらが持つパワーを示している。

Not only .... but, going beyond .... AにとどまらずB means that an influence or power reaches to a wider extent beyond a narrow range A. Expresses the power of a matter.

不只是……，超过……。用「AにとどまらずB」的形式，表示超过A这种狭隘的范围，影响或力量波及到更大范围的意思。指那件事情具有的能力。

接続 { V 辞書形 / N } ＋ にとどまらず

＜例＞
① ゆとり教育は学力低下にとどまらず、学校教育にゆがみをもたらした。
　　The more relaxed education policy resulted in not only declining academic standards but also distortions in school education.
　　宽松的教育不仅使学习成绩下降，而且，给学校教育带来了不良影响。
② 鈴木先生の授業は教科書の勉強にとどまらず、日本事情も教えてくれるので人気がある。
③ 今や彼は日本にとどまらず、ハリウッドでも知名度のある俳優になった。

POINT かたい表現

～にひきかえ

意味 ～とは反対に

「AにひきかえB」で、Aとは反対に、あるいは大きく異なってBは～だと言いたい時の表現。話し手の主観的な気持ちを示す。

Contrary to .... AにひきかえB expresses that B is .... contrary to or largely different from A. Indicates the speaker's subjective feeling.

与……相反。用「AにひきかえB」的形式，表示与A相反，或者跟A有很大的差别，B是……。表示说话人的主观想法。

接続

$$\begin{Bmatrix} V \\ イA \\ ナA \\ N \end{Bmatrix} 名詞修飾型 ＋ の \quad + \quad にひきかえ$$

（ただし、ナAとNは「であるのにひきかえ」の形もある）

<例> ① 浪費が珍しくなかったバブル時代にひきかえ、今は節約するのが当たり前になっている。

In contrast to the bubble era when many people grew wasteful, it is now natural to try to cut down on spending.

与浪费成风的泡沫时代相反，现在节约成了理所当然的事情。

② 梅雨が短く猛暑だった去年にひきかえ、今年は冷夏だ。
③ 兄がのんびりした性格であるのにひきかえ、弟は短気でせっかちだ。
④ 私が大学生だった頃にひきかえ、今の大学生は就職するのが大変だそうだ。

＊せっかち……落ち着きがなく、何をする時にも急いでいる人

第5週5日目

～にもまして

意味　～よりもっと、～以上に

「AにもましてB」で、Aもそうだがそれ以上にBであるという意味。
More than ...., exceeding .... AにもましてB means that A is true, but B is more true.
比……更，超过……。用「AにもましてB」的形式，表示虽然A也是那样，但是B更在此之上的意思。

接続　N ＋ にもまして

＜例＞

① そのバンドは人気急上昇中で、コンサートは前回にもまして大盛況だった。
　　The band is rapidly gaining in popularity. Their concert was an even greater success than the last one.
　　那个乐队正在火爆中，音乐会超过上次，更加盛况。

② 優勝したうれしさにもまして、チームが一つになれたことがうれしい。

③ 試験の日が迫り、以前にもまして睡眠不足だ。

④ 今年の冬は寒さが厳しく、昨年にもまして降雪量が多い。

〜はおろか

意味 〜はもちろん

「AはおろかB」で、Aはもちろんのこと、他のことも当然そうだという意味。話し手の不満や意外な気持ちを表す。

Let alone .... AはおろかB means that B is true as well as A, as a matter of course. Expresses the speaker's discontent and unexpected feelings.

不用说……。用「AはおろかB」的形式，表示不用说A，其它的事情当然也是那样的意思。表示说话人感到不满或意外的心情。

接続 N ＋ はおろか

<例>
① 洪水によって家財道具はおろか、大切な家族の命まで奪われてしまった。
　The flood took the lives of my precious family members, not to mention furniture and household goods.
　不用说因洪水失去的财产，就连家人宝贵的生命都被夺去了。
② 給料日前で、レストランはおろかファーストフードの店にも入れない。
③ 今から１年前は、漢字はおろかひらがなさえも読めなかった。

POINT 強調するため「も」「さえ」「まで」といっしょに使われることが多い

第5週5日目

〜もさることながら

意味 〜もそうだが、それだけではなく

「AもさることながらB」で、Aはもちろんだが、それだけではなくBもそうだという話し手の気持ちを表す。

.... is true, and something else is also true　AもさることながらB expresses the speaker's feeling that, in addition A, B is also true.

虽然……是那样，但是不仅那些……。用「AもさることながらB」的形式，表示虽然A应该是那样，但是不仅A，B也是那样的，表示说话人的想法。

接続　　N　+　もさることながら

<例>
① 名所めぐりもさることながら、その土地の料理を味わうのも旅の醍醐味だ。
As well as seeing notable sights, one of the real pleasure of traveling is trying the local cuisine.
不用说巡游名胜，品尝有当地特色的饭菜更是旅行的乐趣。

② 外交問題もさることながら、山積している国内の問題を早く解決してほしい。
③ 美しさもさることながら、彼女の魅力は何と言ってもその人柄にある。
④ 味もさることながら、心のこもったサービスがあの店の行列の秘密だろう。

POINT　かたい表現

第5週 5日目 確認テスト

【問題1】 正しいほうに○をつけなさい。

1) 前の会社（a. にひきかえ　b. にもまして）、転職先の給料は三分の二だ。
2) 舞台のセット（a. にひきかえ　b. もさることながら）、俳優陣もこの上なく豪華だ。
3) 叔父はギャンブルのために、貯金（a. はおろか　b. さることながら）家まで売ってしまった。
4) 会社の経営状態は昨年（a. にとどまらず　b. にもまして）厳しいと言える。
5) この曲は特定の年齢層（a. にひきかえ　b. にとどまらず）幅広く愛されている。

【問題2】 （　　）に入る適当な表現を　　　　から選びなさい。
※同じ表現は一度しか使えません。

| はおろか | にひきかえ | もさることながら |

1) 小さい頃から、活発な姉（　　　　）私は内気だと言われ続けてきた。
2) あのモデルはスタイル（　　　　）、顔の小ささも女性たちの憧れの的だ。
3) 私は外国語（　　　　）、自分の母語である日本語にも自信がない。

得点　/8

（第5週4日目の解答）
問題1　1) b　2) b　3) a　4) b　5) a
問題2　1) 送らん　2) 言わん　3) 待て

第6週 1日目

～かぎりだ／～極まる／～の至り／～の極み

気持ちは、こんなレベル！

～かぎりだ

意味　～とても～だ、最高に～だ

客観的にではなく、自分自身の気持ちを「とても～だ」と伝える表現。
Very ...., ... to the fullest degree Expresses one's own feelings, not objectively, that "it is very ....."
非常……，最高……。不是客观上，而是把自己的「非常……」的心情表达出来。

接続
$$\left\{\begin{array}{l}イAい\\ナAな\\Nの\end{array}\right\} + かぎりだ$$

＜例＞
① 遠い日本で家族と離れて暮らすのは、寂しいかぎりだ。
　　It is really lonely to live in Japan apart from my family.
　　远离家人，在日本生活，非常寂寞。
② 宝くじで1000万円も当たったなんて、羨ましいかぎりだ。
③ 来週でまた一つ年をとってしまうなんて、悲しいかぎりだ。
④「先生が箱根を案内してくださるなんて、心強いかぎりです。」

POINT　「うれしい」「喜ばしい」「残念な」など心の状態を表す

～極まる / ～極まりない

意味 非常に～だ、この上なく～だ

自分自身のとても強い思いを表現する言い方。感情的な印象がある。
Extremely ...., as .... as can be Expresses one's own strong feelings. Sounds emotional.
非常……，最高……。表达自己非常强烈的思想时的说法。感觉比较情绪化。

接続 ナA ＋ 極まる / 極まりない
（ナAの「な」がない形になる）

<例> ① こんな道でスピードを出すなんて、危険極まりない。
　　　It is extremely dangerous to increase speed on such a street.
　　　在这样的道路上加速，非常危险。

② 上司にあいさつをせずに帰ってしまうとは、失礼極まる。
③ 昨夜行った居酒屋の店員の対応の悪さは、不愉快極まりなかった。

POINT かたい表現　「極まる」と「極まりない」は同じ意味

PLUS 「感極まって」は慣用表現
例）優勝した学生は感極まって号泣した。

第6週1日目

〜の至り

意味 最高に〜、非常に〜

話し手の感情を表すが、この上がないほどの状態、最高のレベルに達していると言いたい時の表現。

.... to the fullest degree, extremely .... Expresses the speaker's feelings, when he/she wants to say that the best condition or highest level has been achieved.

最高……，非常……。表达说话人的感情。要想说"达到最高状态了，或者达到了最高水平了"的表达方式。

接続 N ＋ の至り

<例>
① 若気の至りとはいえ、あの時はずいぶん荒れた生活をしていたものだ。
I used to have such a troubled life even if I was too young to realize it.
虽说是年轻不成熟，但那时的生活确实相当放荡。

② 憧れの俳優と握手できるなんて、感激の至りだ。

③ 「先生のような方にお会いできて、光栄の至りです。」

POINT かたい表現
「若気の至り」は「若かったため、こんなことをしてしまった」という意味の慣用表現

第 6 週 1 日目

〜の極み
きわ

意味 最高に〜、非常に〜

話し手の気持ちが極限に達している時に使う表現。感激しているという状況を表す場合が多い。
.... to the fullest degree, extremely .... Used when the speaker is excited. Often expresses the situation where someone is thrilled.
最高……，非常……。说话人的心情达到了极限时的表达方式。多用于表达已经达到了感动的状态。

接続 N ＋ の極み

<例>
① 一泊30万円もするホテルに泊まるなんて、贅沢の極みだ。
   It is the extreme of luxury to stay in a hotel for 300,000 yen per night.
   竟然住一晚30万日元的饭店，太奢侈了。

② 好きな人と一緒にいられることが、私にとっての幸せの極みと言える。

③ 初恋の人と数十年ぶりに会えるとは、感動の極みだ。

④ 「初めての小説でこんなに素晴らしい賞をいただけるなんて、光栄の極みです。」

POINT かたい表現

第6週 1日目

確認テスト

【問題1】 正しいほうに○をつけなさい。

1)「また先生にお会いできるなんて、うれしい（a. 至り　b. かぎり）です。」
2) 長年の夢だった日本留学ができたのは、喜びの（a. 極みだ　b. 極まる）。
3) 幼い頃に別れた母と20年ぶりに会えた時には、（a. 感極まって　b. 感極まりなく）泣いてしまった。
4)「こんなに立派な賞をいただくなんて、光栄（a. の至り　b. かぎり）です。」

【問題2】（　　）に入る適当な表現を □ から選びなさい。
　　　　※同じ表現は一度しか使えません。

| 極まりない | の至り | の極み | かぎりだ |

1) ずっと一緒に勉強していたマリアさんが帰国してしまうなんて、寂しい（　　　）。
2)「あの頃が懐かしいね。」「若気（　　　）で、悪いこともしたけどね。」
3) 新入社員が部長にコピーを取らせるなんて、非常識（　　　）。
4) この映画のラストは歴史に残る名場面で、感動（　　　）だった。

【問題3】 正しい文に○、間違っているものに×を書きなさい。

1) (　　　) ろくに食べていない上に、強いお酒をたくさん飲むのは、不健康に極まる。
2) (　　　) いとこがオリンピックに出場するのは、喜びのかぎりだ。
3) (　　　) 好きな作家のサイン会で直接話ができたなんて、うれしい極まりだ。
4) (　　　) 「こんなことまで手伝っていただいて、恐縮の至りです。」

157ページで答えを確認！

得点　　／12

(第5週5日目の解答)
問題1　1) a　2) b　3) a　4) b　5) b
問題2　1) にひきかえ　2) もさることながら　3) はおろか

第6週 2日目

～ないではおかない / ～ないではすまない / ～てやまない / ～を禁じ得ない

強い感情をアピールする表現

～ないではおかない / ～ずにはおかない

意味 必ず～する

何があってもそうする、しないまでは終わらせないという話し手の強い信念を表す。
Doing .... definitely Expresses the speaker's strong conviction to do so or never to let it end without doing so.
一定……做。无论发生什么事情都要那么做，不做不罢休。表示说话人这种强烈的信念。

接続 V ない形 ＋ ないではおかない / ずにはおかない

（ただし、「ずにはおかない」の場合、「する」は「せずにはおかない」になる）

<例> ① 敵国に攻められたら、こちらも報復しないではおかない。
　　　We shall not fail to retaliate if a hostile country attacks our country.
　　　如果被敌国攻击的话，我们也一定进行报复。

② こんな悲惨な事件を起こした犯人を、逮捕せずにはおかない。

③ 彼の小説はどれも、読者を感動させずにはおかない。

POINT 「ずにはおかない」の方が書き言葉で使われる

～ないではすまない / ～ずにはすまない

意味 必ず～しなければならない

「AだからBないではすまない」で、Aという理由でBをしないと許されない、終わらないから、必ずBをするという意味。Aは自分の意志というより常識や状況による話し手の判断。

Must do .... AだからBないではすまない means that B must be done because it is not acceptable not to do B or B would go unfinished because of A. A refers to the speaker's judgment according to commonsense or the situation, rather than his/her intention.

一定……做。用「AだからBないではすまない」的形式，表示以A这种理由不做B是不被原谅的,事情不会结束，所以必须要做B的。与其说A是说话人的意志，不如说是说话人根据常识或现状做出的判断。

接続 V ない形 ＋ ないではすまない / ずにはすまない
（ただし、「ずにはすまない」の場合、「する」は「せずにはすまない」 になる）

<例> ① あんなに社長を怒らせてしまったのだから、土下座しないではすまないだろう。
You must apologize by getting down on your knees because you made the president very angry.
把老板给气成那种程度，不下跪不能行吗。
② 政治が混乱してしまった以上、首相は責任をとらないではすまない。
③ 私のミスで友人のパソコンを壊してしまったので、弁償せずにはすまない。

POINT 「ずにはすまない」の方が書き言葉で使われる

第6週2日目

～てやまない

意味 心から～している

話し手の他者への深い思いを表す言い方。一時的にではなく、心からその行動をしているという意味。

Doing .... from the heart Expresses the speaker's deep consideration to the other. Expresses that the speaker takes the action from the heart, not casually.

由衷地做……。说话人向他人表示自己深切想法时的表达方式。不是一时的冲动，而是由衷地做那种行为。

接続 Vて形 ＋ やまない

<例>
① 被災地の皆さんの無事と、1日も早い復興を祈ってやまない。
   I sincerely hope for the safety of people in the affected areas and the earliest possible recovery.
   由衷地祈愿灾区民众的平安及早日复兴。
② 世界中の子どもたちにとっての明るい未来を願ってやまない。
③ 「皆さんの今後ますますのご活躍を期待してやみません。」

POINT かたい表現
Vは「期待する」「願う」「祈る」「望む」など

～を禁じ得ない

意味 ～をがまんすることができない

ある状況で、自分の中で自然に発生した感情をコントロールすることができないことを伝えたい時の表現。

Cannot help but do …. Expresses that it is impossible to control naturally occurring emotion in the mind under a certain situation.

无法克制……。说话人想表示自己无法控制在某种状态下心里自然产生的感情时的表达方式。

接続　N ＋ を禁じ得ない

<例>
① 彼女の、想像を絶する生い立ちを聞いて、涙を禁じ得なかった。
I could not help but shed tears when I listened to her talking about her upbringing beyond my imagination.
听到她无法想象的成长过程之后，禁不住流下了眼泪。

② 飲酒運転により大切な命が奪われていることに、怒りを禁じ得ない。
③ 泥棒に入られて貴重品をすべて盗まれたなんて、被害者への同情を禁じ得ない。
④ 私を裏切った友人に対しては、憤りを禁じ得ない。

POINT 話し手自身のこと

× 私が朝帰りをしたので、父は怒りを禁じ得ない。

第6週 2日目 確認テスト

【問題1】 正しいほうに○をつけなさい。

1) 禁煙エリアでタバコを吸っている人に、今日こそ注意（a. しずにはおかない
   b. せずにはおかない）。
2) 人気俳優の突然の結婚は、驚きを（a. 禁じ得なかった b. 禁じなかった）。
3) 地球上から戦争がなくなることを、心から（a. 願って b. 願い）やまない。
4) 母は「一言言わないでは（a. すまない b. すめない）」と、父に腹を立てている。

【問題2】 （　）に入る適当な表現を　　　　から選びなさい。
　　　　　　※同じ表現は一度しか使えません。

ないではおかない	ないではすまない
てやまない	を禁じ得ない

1) 勉強だけでなくボランティア活動にも熱心な彼女を、皆尊敬し（　　　　　）。
2) 気の強い彼女のことだから、彼を殴ら（　　　　　）と思う。
3) 自国の首相が年に一度のペースで変わるのは、情けなさ（　　　　　）。
4) 結婚式はしなくても、結婚したのだから上司に報告し（　　　　　）だろう。

【問題3】（　　）に入る適当な動詞を ☐ から選びなさい。
必要なら適当な形に変えましょう。
※同じ動詞は一度しか使えません。

| ねがう　　うかがう　　ためす　　しつぼうする |

1) お世話になった方が病気と聞けば、お見舞いに（　　　　　）にはすまない。
2) 信頼していた人に裏切られ、（　　　　　）を禁じ得ない。
3) 再び日本経済が回復することを（　　　　　）やまない。
4) スイーツ好きの姉なら、話題のシュークリームを（　　　　　）ずには

おかないはずだ。

163ページで答えを確認！

得点　　／12

（第6週1日目の解答）
問題1　1) b　2) a　3) a　4) a
問題2　1) かぎりだ　2) の至り　3) 極まりない　4) の極み
問題3　1) ×　2) ○　3) ×　4) ○

第6週 3日目

〜しまつだ / 〜にかたくない / 〜ばそれまでだ / 〜までだ

あきれたり、あきらめたり、気持ちは複雑！

〜しまつだ

意味 〜という悪い結果になった

いろいろあった上に、最後にはこんなに好ましくない結果になってしまったという意味で、話し手の残念な思いを表す。

Resulting in a bad event .... Means that it finally ended up in such an unfavorable result, after several troubles. Expresses the speaker's disappointment.

成了……不好的结果。经过各种各样的经历后，最后变成了这种不希望的结果。表示说话人感到遗憾的想法。

接続

$$\begin{Bmatrix} V \\ イA \\ ナA \\ N \end{Bmatrix} 名詞修飾型 + しまつだ$$

<例>
① 彼は小学校の頃から問題児で、高校の途中で退学になるしまつだ。
　He has been a problem child since he was in elementary school, finally resulting in his being expelled from high school.
　他从小学开始就是个有问题的孩子，到了高中就中途退学了。
② カードで有名ブランド品を買い続け、とうとう多額の借金をするしまつだ。
③ 大学にも行かずに遊んでばかりいて、30歳過ぎてこのしまつだ。

POINT 「このしまつ」「あのしまつ」で、具体的に表現しない場合もある

～にかたくない

意味 〜するのは簡単だ

その状況、能力からして簡単に〜できると言いたい時の表現。
Easy to do .... Expresses that it is easy to do .... according to the situation and/or one's ability.
很容易做……。以那种情况和能力，很容易做……。表示说话人的这种想法。

接続 { V 辞書形 / N } ＋ にかたくない

<例> ① 事故で大切な人を失った彼女の気持ちは、想像にかたくない。
It is easy to imagine her feelings after losing her loved one in an accident.
在事故中失去亲人的她的心情，不难想象。

② 彼女の疲れた顔を見ると、多忙であることは察するにかたくない。

③ 恋人に何も告げずに去って行った彼の想いは、理解するにかたくない。

POINT かたい慣用表現

第6週3日目

～ばそれまでだ / ～たらそれまでだ

意味　～てしまうと、それで終わりだ

～という状況になったら、もう他には方法がない、それ以上は何もできないという意味。
If ...., that would be it. Means that there will be no other way or thing to do if a situation like .... arises.
……的话，就完了。表示到了……状态的话，已经没有其它办法了，再怎么做都无用了。

接続　V　ば形　＋　それまでだ
　　　　V　た形ら　＋　それまでだ

<例>　① 高価なアクセサリーを買っても、失くしてしまえばそれまでだ。
　　　　Even if you buy an expensive accessory, that would be it if you lose it.
　　　　即使买了高价的饰品，可是如果丢了也就完了。
　　② 一生懸命データを入力しても、保存を忘れてしまえばそれまでだ。
　　③ どんな億万長者でも、死んでしまえばそれまでだ。
　　④ どんなにおいしいアイスクリームでも、落としてしまったらそれまでだ。

～までだ / ～までのことだ

(1) 意味　～以外に方法はない

状況としてそれ以外に方法がないからそうするという意思を表す。
There is no other way but .... Expresses the intention to do so because there is no other way but doing so in the situation.
……之外，没有其它办法。表示根据情况没有其它办法了，所以只能那样做的意思。

接続　V　辞書形　＋　までだ / までのことだ

<例>　① 電車が動く見込みがないなら、歩いて帰宅するまでだ。
　　　　　If there is no chance of trains running, I have no other choice but walking back home.
　　　　　如果电车没有运行的希望的话，只好走着回家了。

　　　② 彼がこの件を引き受けてくれないなら、他の人に頼むまでのことだ。

(2) 意味　ただ～だけ

話し手が「(たいしたことではなく) ただそれだけ」と状況説明や言い訳をしたい時に使う表現。
Simply .... Used to express the speaker's explanation and/or excuse about the situation by saying "(It is not a big deal,) and that's it."
只是……而已。说话人想以「(不是大不了的事情) 只是那样而已」来进行情况说明或辩解时的表达方式。

接続　{ V / イA / ナA / N }　普通形　＋　までだ / までのことだ

<例>　①「彼女を食事に誘ったのは、ちょっと話してみたかったまでのことだ。」
　　　　　I invited her for dinner because I just wanted to talk to her.
　　　　　邀请她来吃饭，只是想说一说话而已。

　　　②「彼女が大変そうだから、手伝ったまでだよ。」

第6週
3日目

確認テスト

【問題1】 正しいほうに○をつけなさい。

1) 三つ星レストランの値段が高いことは、察する（a. にかたくない　b. しまつだ）。
2) 「カードの暗証番号は、人に知られてしまえば（a. それまでだ　b. これまでだ）。注意しなさい。」
3) もしリストラされても平気だ。新しい仕事を探す（a. までのことだ　b. ことまでだ）から。
4) 彼はいろいろなビジネスに手を出して、倒産する（a. にかたくない　b. しまつだ）。

【問題2】（　　）に入る適当な動詞を□から選びなさい。必要なら適当な形に変えましょう。
※同じ動詞は一度しか使えません。

| つぶれる　　やる　　ふられる　　そうぞうする |

1) 弟は複数の女の子と同時に付き合って、最後には全員に（　　　　　）しまつだ。
2) 就職しても会社が（　　　　　）ばそれまでだから、よく考えて会社を選ぶべきだ。
3) 第一志望校にパスした彼女の喜びは（　　　　　）にかたくない。
4) チャリティーに参加したのは大したことではない。自分ができることを（　　　　　）までのことだ。

【問題3】 1～4の各文に続くものを、a～dからそれぞれ選びなさい。

1）たまたま近くに用事があったので、
2）モデルをやっている彼の恋人がきれいなのは、
3）あの人の机はいつも汚くて注意されていたが、
4）どんなに相手のことが好きでも、

a．想像するにかたくない
b．大切な書類をなくすしまつだ
c．友人のオフィスに寄ったまでだ
d．彼女がいればそれまでだ

（第6週2日目の解答）
問題1　1）b　2）a　3）a　4）a
問題2　1）てやまない　2）ないではおかない　3）を禁じ得ない　4）ないではすまない
問題3　1）うかがわず　2）しっぽう　3）ねがって　4）ためさ

第6週 4日目

～（よ）うにも～ない／～でなくてなんだろう／～ないものでもない／～にあたらない

はっきり言わないけれど、言いたいことはこれ！

～（よ）うにも～ない

意味 ～しようとしてもできない

気持ちとしてはそれをしたいと思っているが、理由・事情があってできないという意味。

Cannot do .... even with the intention of doing so Means that the speaker wants to do it but cannot do it due to a certain reason/condition.

即使想做……也不能。表示有想做那件事情的想法，但是由于某种理由或原因没能那样做的意思。

接続　V 意向形 ＋ にも ＋ V ない形 ＋ ない

＜例＞
① 二日酔いで頭が割れるように痛く、起きようにも起きられない。
　I have a terrible headache from a hangover. I want to get up, but I can't.
　因为宿醉，头疼的要裂开似的，想起床也起不来。

② 体調を崩してしまい、働こうにも働けない。

③ ゲリラ豪雨の中、傘がないので帰ろうにも帰れない。

POINT　ない形の動詞は可能を表す意志動詞のみ
　×　日本の生活に慣れようにも慣れられない。

＊ゲリラ豪雨……突然ある一部の地域で集中的に降り出す激しい雨
　　　　　　　　日本では夏に多い

～でなくてなんだろう / ～でなくてなんであろう

意味 これこそまさに～だ

それ以外のことは考えられず、まさにそのものだという話し手の強い感情・主張を表す。
It is truly .... Expresses the speaker's strong feeling/assertion that it is the very thing and there is not a slight possibility of being something else.
这恰恰是……。除此之外不做他想。表示说话人强烈的感情或主张时的表达方式。

接続 N ＋ でなくてなんだろう / でなくてなんであろう

<例>
① 自治体の対応の遅れが被害を大きくした。これが人災でなくてなんだろう。
　　The slow response of the local government increased the damage. This is nothing but a man-made disaster.
　　由于地方自治团体的对应迟缓加重了受灾的程度。这难道不是人祸，又是什么？
② 相手の嫌がることをやり続ける。これがいじめでなくてなんだろう。
③ 好きな人のために犠牲になる。これが愛でなくてなんであろう。

POINT　「なんであろう」はかたい表現

第6週4日目

～ないものでもない / ～ないでもない

意味 全く～ないわけではない

積極的にではないが、その時の状況・条件によってはその可能性もあると言いたい時の表現。話し手の判断として、可能性がゼロではないという意味。

It may be .... Means that it may be possible, although not proactively, according to the situation/condition. Expresses the speaker's judgment that the possibility is not zero.

并不是完全没有……。表示虽然不是非常积极的，但是根据当时的情况和条件来看，也有那种可能性。根据说话人的判断，可能性不是完全没有的意思。

接続 V ない形 ＋ ないものでもない / ないでもない

<例> ① 母がお金を出してくれるなら、一緒に旅行に行かないものでもない。
　　　If my mother pays for it, I may travel with her.
　　　如果妈妈提供给钱的话，也不是不能一起去旅行。

② カラオケは嫌いだが、接待の時には歌わないものでもない。
③ ちょっと高いが、同じデザインでピンクがあれば買わないでもない。
④ この調子で勉強を続ければ、第一志望の大学に合格できないものでもないだろう。

～にあたらない / ～にはあたらない

意味 ～することはない

～するほどのことではない、～する必要はないと伝えたい時の表現。話し手の謙遜、なぐさめ、批判などの気持ちを表す。

No need to do .... Means that it is not worth doing .... or there is no need to do ..... Expresses the speaker's feelings, such as modesty, consolation, or criticism.

不用做……。想表达"不需要做、没有必要做"时的表达方式。表示说话人的谦逊、安慰或批评等想法的表达方式。

接続 { V 辞書形 / N } ＋ にあたらない / にはあたらない

（ただし、Nは第Ⅲグループの「する動詞」）

<例> ① これまでの経緯からいくと、そのアスリートの女優への転向は驚くにはあたらない。

With her background, there is nothing surprising in the athlete's switchover to a career in acting.

按照至今为止的经历下去的话，那个女田径运动员转向演员不是惊奇的事情。

② あの人の行為は有名になるためで、称賛にはあたらない。
③ 「失敗なんて誰にでもあります。落胆にはあたりませんよ。」

＊称賛……才能や功績などをほめること
＊落胆……ショックを受けて、元気をなくしてしまうこと

第6週 4日目

確認テスト

【問題1】 正しいほうに○をつけなさい。

1）若者言葉は非難（a. するにはあたらない　b. しないでもない）。あれも一つの文化なのだから。

2）風があまりに強くて、（a. 出かけよう　b. 出かけたい）にも出かけられない。

3）もっとしっかり働いてくれれば、時給を上げ（a. ないものではない　b. ないものでもない）が…。

4）お互いの思いを知らずに別れてしまう。これが悲劇（a. にはあたらない　b. でなくてなんだろう）。

【問題2】　□ の中から適当な表現を使って、下線部分を書きかえなさい。

　　　　　※同じ表現は一度しか使えません。

～うにも～ない	ないものでもない
にはあたらない	でなくてなんだろう

1）心が傷ついた子どもたちに笑顔が戻る。<u>これこそ希望だ。</u>
2）テストはいいのだから、もっと授業態度がよければ、<u>Aをあげる可能性もある。</u>
3）お医者さんに止められて、<u>飲みに行きたいが行けない。</u>
4）あの人は口では偉そうなことを言うが、<u>尊敬するほどの人ではない。</u>

【問題3】 どちらか適当なほうに○をつけなさい。

1) { a. 最近とてもウエストが気になっている私に「やせた？」なんて、
   　 b. ダイエットに成功した妹に「やせた？」なんて、 } これが
   皮肉でなくてなんだろう。

2) { a. 祖父は亡くなっているので、昔の話を
   　 b. 部長の歌はひどいので、 } 聞こうにも聞けないのが
   とても残念だ。

3) { a. 落ちていた財布を拾って交番に届けるのは、
   　 b. 電車でお年寄りに席を譲らないのは、 } 日本では感心にあたらない。

4) { a. さり気なく言われたら、
   　 b. あんな失礼な言い方をされたら、 } メールアドレスを教えないものでも
   ないけれど…。

175ページで答えを確認！

得点 　/12

(第6週3日目の解答)
問題1　1) a　2) a　3) a　4) b
問題2　1) ふられる　2) つぶれれ　3) そうぞうする　4) やった
問題3　1) c　2) a　3) b　4) d

第6週 5日目

～といったらない / ～べからず / ～を余儀なくさせる / ～を余儀なくされる

ハッキリと否定したり、禁止したり！

～といったらない / ～といったらありはしない / ～といったらありゃしない

意味 とても～だ

うまく表現できないほど、とても～だという話し手の気持ちを表す。不満、批判、愚痴などマイナスの内容が多い。

Very .... Expresses the speaker's feeling that it is too .... to express well. Often used to describe negative contents, such as discontent, criticism, or complaint.

非常……。达到无法表达好的程度。说话人想说"非常……"的心情的表达方式。多含不满、批评和牢骚等负面内容。

接続

$$\left\{\begin{array}{l} \text{V 辞書形} \\ \text{イAい} \\ \text{ナAだ} \\ \text{Nだ} \end{array}\right\} + \begin{array}{l} \text{といったらない /} \\ \text{といったらありはしない /} \\ \text{といったらありゃしない} \end{array}$$

（ただし、VとNは程度を表すもの）

＜例＞
① 会議に、出張に、忙しいといったらありはしない。
   I am extremely busy, attending meetings and going on business trips.
   参加会议啦，出差啦，非常忙。
② 駅の階段から落ちて、みんなに見られた。恥ずかしいといったらない。
③ この家はいざ住んでみると、バスの本数も少ないし、店も遠いし、不便だといったらありゃしない。
④ あの店のサービスの悪さには、腹が立つといったらない。

POINT くだけた言い方で「ったらありゃしない」もある

例）「隣の部屋、うるさいったらありゃしないよ。」

～べからず / ～べからざる

意味 ～してはいけない、～べきではない

社会のモラル、常識としてそれをやってはいけない、適当な行為ではないという意味。
Do not do ...., should not do .... Means that it should not be done or it is not appropriate, according to social morals and common sense.
不能做……，不应该做……。作为社会道德和常识，不能做那件事情，是不正当的行为。

接続 V 辞書形 ＋ べからず / べからざるN

(「するべからざる」は「すべからず」もOK)

＜例＞
① ドアに「ここより先は危険。関係者以外は入るべからず」という紙が張ってある。
There is a note on the door, "Dangerous area beyond this point. Unauthorized people are not allowed entry."
在门上贴着「从这里开始前方危险。无关人员请止步」的纸条。

② 年金暮らしの老人からお金を騙し取るなんて、許すべからざる行為だ。

③ 「ペットは飼うべからず ― マンション管理組合」

POINT 「べからず」は張り紙、注意事項などで使われる古い表現

第6週5日目

〜を余儀（よぎ）なくさせる

意味 強制的（きょうせいてき）に〜させる

相手（あいて）のそれをしたくないという思（おも）いに反（はん）して、もう一方（いっぽう）の意志（いし）や都合（つごう）でそういう辛（つら）い状況（じょうきょう）、大変（たいへん）なことをさせてしまうという意味（いみ）。

Being forced to .... Expresses that a person is forced to be in a distressing situation or in trouble according to other's intention or convenience.

强迫……做。当对方不想做一件事情的时候，按照与对方的想法相反的另一方的意志和理由，让人做痛苦的事情或不愿意做的事情。

接続 N ＋ を余儀（よぎ）なくさせる

<例（れい）>
① 度重（たびかさ）なる大型台風（おおがたたいふう）が、住民（じゅうみん）たちに避難（ひなん）を余儀（よぎ）なくさせた。
　Repeated heavy typhoons forced the residents to evacuate their homes.
　屡次的强台风使居民不得已避难了。
② 深刻（しんこく）な金融危機（きんゆうきき）が、その会社にリストラを余儀（よぎ）なくさせた。
③ A社はB社にプレッシャーをかけ、そのリゾート計画（けいかく）の中止（ちゅうし）を余儀（よぎ）なくさせた。

POINT 使役表現（しえきひょうげん）

～を余儀なくされる

意味 自分の意志に反して～しなければならなくなる

自分ではどうすることもできない大きなものや自然の力によって、本来ならばしたくないことをしなければいけないという意味。

Being forced to do .... against one's will Means that someone has to do something he/she does not want to do under normal circumstances due to something too large to control or force of nature.

违心地……不得不做。対自己无能为力的重大事情或自然現象，按理说不想做的事情，不得不做的意思。

接続　N ＋ を余儀なくされる

<例>
① 地震により家が倒壊し、人々は仮設住宅での生活を余儀なくされた。
People were forced to live in temporary housing due to the collapse of houses in the earthquake.
因地震房屋倒塌，人们不得不在临时住宅里生活。
② 不況による資金不足で、プロジェクトは解散を余儀なくされた。
③ キャリアウーマンだった彼女は、親の介護のために帰郷を余儀なくされた。

POINT　受身表現　　不満や残念な気持ちを表す

| 第6週 5日目 |

確認テスト

【問題1】 正しいほうに○をつけなさい。

1）モンスターペアレントは、教育を考える上で無視（a. すべからず　b. すべからざる）問題だ。

2）姉がユキコで妹がユキヨなんて、（a. ややこしいったらない　b. ややこしいのはない）。

3）友人は深刻な病気により、再三の手術を（a. 余儀なくさせた　b. 余儀なくされた）。

4）「私のミスであなたにこんな苦労を（a. 余儀なくさせて　b. 余儀なくされて）申し訳ない。」

【問題2】 （　　　）に入る適当な表現を □ から選びなさい。必要なら適当な形に変えましょう。
※同じ表現は一度しか使えません。

| といったらない | よぎなくさせる |
| べからざる | よぎなくされる |

1）無責任な親たちが、幼い子どもたちに悲惨な生活を（　　　　　　）いる。

2）携帯電話もメールもない知人に連絡するのは、面倒だ（　　　　　　）。

3）もし貧しい生活を（　　　　　　）も、私は人の役に立つことをしたい。

4）お年寄りを狙ってひったくりをするなんて、絶対に許す（　　　　　　）ことだ。

＊ひったくり……通りかかった人の物を無理やりうばうこと。また、その犯人

【問題3】 1〜4の各文に続くものを、a〜dからそれぞれ選びなさい。

1) 親とケンカして仕送りを打ち切られ、
2) 弁護士というものは、
3) 私の海外転勤により、
4) 行きつけの居酒屋に行ったら、

　　a．夫に3年もの別居生活を余儀なくさせている。
　　b．友達が大声で騒いで恥ずかしいったらなかった。
　　c．1日一食の生活を余儀なくされた。
　　d．相談者の秘密を漏らすべからざる義務がある。

＊行きつけ……よくその店に行くこと。よく行く店

179ページで答えを確認！

得点　／12

(第6週4日目の解答)
問題1　1) a　2) a　3) b　4) b
問題2　1) これが希望でなくて何だろう。　2) Aをあげないものでもない。
　　　　3) 飲みに行こうにも行けない。　4) 尊敬（する）にはあたらない。
問題3　1) a　2) a　3) a　4) a

第7週 1日目 (あやうく) 〜ところだった / いかに〜か / いざ〜となると

> 7週目からは、ちょっと難しい表現もあるよ！

（あやうく）〜ところだった

意味 もう少しで〜

もうちょっとで〜という良くない結果になるところだったが、結果的には大丈夫だったと言いたい時の表現。「あやうく」で、危なかったということを強調する。

Almost .... Expresses that it was almost ...., which would have been bad, but the result was okay. あやうく emphasizes that danger was imminent.

险些……。想表达再稍微……就造成了不好的结果，但是从结果来看没出现问题时的用法。用「あやうく」强调差点出事。

接続 （あやうく）＋ V 辞書形 ＋ ところだった

<例>
① 携帯メールを見ながら歩いていて、あやうく車にひかれるところだった。
I was almost hit by a car when walking down the street while looking at cell-phone messages.
边走边看手机邮件，险些被汽车压了。
② いつの間にか目覚まし時計を止めてしまい、大切な会議に遅れるところだった。
③ 姉に問い詰められて、あやうく秘密をバラしてしまうところだった。

*問い詰める……相手が答えるまで、厳しくいつまでも質問する
*バラす……知られると困る秘密などを人に話してしまう

PLUS くだけた表現で、「もう少しで（ちょっとで）〜」もある
例）60点で合格のテストが62点だった。もう少しで落ちるところだった。

いかに〜か

意味 どんなに〜か

「いかにAか」で、とてもAだと強調する表現。AはイA・ナA。

How much .... いかにAか emphasizes the degree of A. A should be an イ -adjective or ナ -adjective.

多么……。用「いかにAか」的形式，表示强调非常A时的表达方式。A是イ形容詞或ナ形容詞。

接続 いかに + { イAい / ナA } + か

（ただし、ナAは「だ」がつかない）

<例>
① あの大学に合格することがいかに難しいかは、誰でも知っている。
　　Everyone knows how difficult it is to pass the entrance examination for that university.
　　考上那所大学有多难，谁都知道。
② 病気になってみて、健康がいかに大切かを痛感した。
③ この便利さに慣れると、携帯電話のない生活がいかに不便かがよくわかる。

いざ～となると

意味 いよいよ～の時になると

「いざAとなると」で、Aという特別なことを前にして、それ以前はなかったある感情が起こってくるという意味。

At the last moment ...., at the critical time　いざAとなると means that a certain emotion which never existed before arises just before special/critical event A.

终于……的时候就……。用「いざAとなると」的形式，表示在A这种特殊的事情即将到来之前，产生一种过去从来没有过的感情的意思。

接続　いざ ＋ { V 辞書形 / N } ＋ となると

<例>
① 留学はとても楽しみだったが、いざ出発となると急に不安になってきた。
　　I was excited about going overseas to study, but I suddenly became worried when my departure drew near.
　　虽然对留学很期待，但是，到了出发时，就突然间感到了不安。

② 緊張なんかしないと思ったが、いざ試験の当日となるとドキドキした。

③ マンションは欲しいが、いざ買うとなると足踏みしてしまう。

＊足踏みする……物事がなかなか前に進まない状態

確認テスト

第7週 1日目

【問題1】 正しいほうに○をつけなさい。

1) 弁論大会のため一生懸命練習したが、いざ（a. 自分の番と　b. 自分の番）なると頭が真っ白になった。
2) 音楽を聴きながら自転車に乗っていて、歩行者に（a. ぶつかる　b. ぶつかった）ところだった。
3) 大陸の大自然を前にすると、いかに人間が（a. 無力だ　b. 無力）かを知ることになる。
4) お見合いは楽しみだったが、いざ明日（a. 会った　b. 会う）となると気が重い。
5) 電車で居眠りしてしまい（a. 乗り過ごした　b. 乗り過ごす）ところだったが、セーフだった。

＊乗り過ごす……乗り物にのっていて自分が降りる駅をうっかり過ぎてしまうこと

【問題2】（　　　）に入る最も適当なものを一つ選びなさい。

1) 試験の準備は万全なつもりだったが、いざ会場に入ると（　　　　）。
   a．人が多かった　　b．頭が真っ白になった　　c．一番前の席だった

2) エンジントラブルで、あやうく（　　　　）ところだった。
   a．定時に離陸する　　b．飛行機に乗る　　c．着地に失敗する

3) いかに命が大切かを教えるために、（　　　　）。
   a．まずこの動物の映画を見せた　　b．マスコミは悪影響もある
   c．なかなか難しいと思う

＊万全……どこから見ても、誰が見ても準備が完璧な状態

183ページで答えを確認！

得点 　／8

（第6週5日目の解答）
問題1　1) b　2) a　3) b　4) a
問題2　1) よぎなくさせて　2) といったらない　3) よぎなくされて　4) べからざる
問題3　1) c　2) d　3) a　4) b

第7週 2日目

一概に（は）〜ない／〜かというと（〜ない）／〜ぐらいなら

N1が「むずかしい表現ばかり」とは一概に言えない！

一概に（は）〜ない

意味 いっしょには〜できない

一般的にはすべて同じように思われるが、実際にはそれぞれ違うので一つにはまとめることができないという意味。

Cannot .... as a group Means that individual people/items that are generally considered the same are actually different from each other, and therefore they cannot be grouped together.

不能……统一起来。表示在一般的情况下，所有的东西都可以认为是一样，但是，实际上因为各自都不同，不能统一起来的意思。

接続 一概に（は）＋ V ない形 ＋ ない
（ただし、Vは可能動詞）

＜例＞
① たくさん勉強している人が成績がいいとは、一概に言えない。
　It is not necessarily true that people who study a lot have good academic results.
　不能一概而论地说学得多的人成绩就好。
② 地球温暖化とはいっても、世界的に気温が高いとは一概に証明できない。
③ 不景気だからといって、どんな業種も不調だとは一概には言えない。

POINT 「一概に（は）言えない」の文が多い

～かというと（～ない）

意味 必ず～というわけではない

「Aかというと～ない」で、一般的にはAだと思ってしまいがちだが、実際は全部がAというわけではなく、違うケースもあると言いたい時の表現。

Not necessarily .... Aかというと～ない expresses that, although people tend to think of A as generally the case, it is not necessarily always so, and there may be different cases.

并不一定都是……。用「Aかというと～ない」的形式表示。在一般的情况下倾向于认为是A，但是，实际上不一定全部都是A，也有不同的情况。说话人想表达这种想法时的表达方式。

接続
$$\begin{Bmatrix} V \\ イA \\ ナA \\ N \end{Bmatrix} 普通形 + かというと （+ ～ない）$$

<例>
① ハンサムな人が女性にモテるかというと、そうとも限らない。
　　It is not always the case that handsome men attract women.
　　至于英俊的人是否都能受到女性的喜欢，那也未必。
② 都心に緑が少ないかというと、そういうわけでもない。
③ 有名な料理家の店がおいしいかというと、必ずしもそうとは言えない。

第7週2日目

～ぐらい（くらい）なら

意味 ～するなら

「AするぐらいならB」で、Aは好ましくなく、Bも最高の選択ではないが、どちらかといえばAよりBのほうを選ぶという意味。話し手にとっての苦しい選択を表す。

Rather.... AするぐらいならB means that B is preferred to A when A is not preferable and B too is not the best choice. Expresses the speaker's painful choice.

要做……倒不如做……。用「AするぐらいならB」的形式表示。A是不喜欢的事情，B虽然也不是最佳选择，但是A与B之间做比较的话，还是选择B的意思。表示说话人做痛苦的选择。

接続　V　辞書形　＋　ぐらい（くらい）なら

<例>
① あんな人と付き合うぐらいなら、恋人なんかいらない。
　　I would rather have no boyfriend if I had to go out with a person like him.
　　要是跟那样的人交往的话，倒不如不要恋人了。

② あの店でお金を出して食べるぐらいなら、自分で材料を買って作ったほうがおいしい。

③ あいつにやるぐらいなら、犬にやる。

POINT Aに対する不満や嫌悪を表す

第7週 2日目 確認テスト

【問題1】 正しいほうに○をつけなさい。

1) 和食はカロリーが（a. 低い　b. 低く）かというと、そういうわけでもない。
2) 年配の人のほうが常識があるとは、一概には（a. 言わ　b. 言え）ない。
3) 実力のあるミュージシャンが（a. 売り　b. 売れる）かというと、そうとは限らない。
4) すべてのスポーツが女性より男性に向いて（a. いる　b. ある）かというと、そうじゃない。
5) あんな奴に金を（a. 貸す　b. 貸した）ぐらいなら、捨てたほうがいい。

＊年配……人生のいろいろなことを経験している年齢

【問題2】 （　　　）に入る最も適当なものを一つ選びなさい。

1) あんな人の下で働くぐらいなら、（　　　　　　　　　）。
　　a. 40万円はほしい　　b. 仕事なんかしたくない　　c. 幸運なことだ
2) 映画の字幕が完璧かというと、（　　　　　　　　　）。
　　a. 本当にそう思う　　b. どうなのだろうか　　c. ときどき間違いもある
3) 人の体は不思議なもので、（　　　　　　　　　）とは一概には言えない。
　　a. よく食べる人が太る　　b. よく食べる人がやせている
　　c. あまり食べない人が太る

189ページで答えを確認！

得点　　／8

（第7週1日目の解答）
問題1　1) a　2) a　3) b　4) b　5) b
問題2　1) b　2) c　3) a

第7週 3日目

～ことだし / ～ことはないにしても / さすがの～も / さぞ～（こと）だろう

試験も近いことだし、こんな機能語もマスター！

～ことだし

意味　～だから

「AことだしB」で、Aという状況・条件から考えて、Bをするのが適当だという判断を表す。

Because .... A ことだし B means that B is an appropriate judgment according to situation/condition A.

因为……。用「AことだしB」的形式表示。从A这种情况和条件来考虑，还是做B是正确的。表示说话人做出的判断。

接続

$$\left\{\begin{array}{l} V \\ イA \\ ナA \\ N \end{array}\right\} 普通形 + ことだし$$

（ただし、ナAとNは「である」がつく）

<例>
① 大学も3年生になったことだし、そろそろ就職のことを真剣に考えよう。
　　Now I am a third year university student, so I have to start thinking seriously about finding employment.
　　因为已经大学3年级了，就职的事情也得认真地考虑了。

② 彼女とはもう5年付き合っていることだし、来年あたりに結婚しようと思っている。

③ 天気もいいことだし、ちょっとドライブにでも出かけようかな。

～ことはないにしても

意味 ～の可能性はないだろうが

「AことはないにしてもB」で、Aという極端な結果になることはないが、それに近い状態になるという意味。「だから気をつけたほうがいい」という内容がくることが多い。

Although there is no possibility of …. Aことはないにしても B means that extreme result A will not happen but a similar situation arises. Often followed by a warning, such as "so you had better be careful."

虽然……可能性很小。用「AことはないにしてもB」的形式表示。虽然不会有A这种极端的结果，但是可能会产生接近那种状态的结果。往往后接「所以还是注意为好」的内容。

接続　V　辞書形　＋　ことはないにしても

<例>
① あんな大企業なのだから倒産することはないにしても、経営はラクではないはずだ。

　Although there is no possibility of bankruptcy for such a big company, they must be having business difficulties.

　那样的大企业虽然不会倒闭，但是经营状况应该是不太乐观的。

② 東京だから大雪になることはないにしても、折りたたみ傘くらいは持っていったほうがいい。

③ 「大会のレベルが高いから優勝することはないにしても、かなりいい線までいくんじゃない？」

＊いい線いく……けっこういい程度、方向だ

第7週3日目

さすがの〜も

意味　〜ぐらいの人でも

「さすがのAもB」で、Aは他とは違うとは思っていたが、そんなAでもやはりBという状況になることがあるという意味。Aが尊敬されている存在ならBは好ましくないこと、Aの評価が低い場合はBは好ましいことになる。

Even such a person like .... さすがのAもB means that even such a special A may come into situation B. B is an unfavorable event when A is a respected figure, while B is a favorable event when A is not a well-regarded figure.

即使……那样的人。用「さすがのAもB」的形式表示。虽然认为A不同于其他人，但是，即使那样的A有时也会变成B这种状态。如果A是值得尊重的人，那么B是不喜欢的事情。如果A是评价很低的人，那么B是受欢迎的事情。

接続　さすがの ＋ N ＋ も

<例>　① さすがのチャンピオンも年には勝てず、若き挑戦者にあっさり負けてしまった。
Even such a great champion can't stop himself from aging, and he was easily defeated by the young challenger.
就算是冠军也不得不服老，那么干脆地输给了年轻的挑战者。
② 彼の失礼な言動に、さすがの温和な先生も怒りを隠せなかった。
③ いつもは感情を表に出さない人だが、愛犬の死に、さすがの部長も涙を流したらしい。

POINT　Nは人や動植物

さぞ～（こと）だろう

意味 きっと～だろう

「さぞAだろう」で、自分以外のことや自分では経験したことがないことについて話し手が推測する表現。
Ought to be .... さぞAだろう expresses the speaker's assumption about something or someone else or something he/she never experienced.
一定……吧。用「さぞAだろう」的形式表示。说话人对不是自己的事情或自己没有经历过的事情表示推测。

接続

さぞ ＋ { V / イAい / ナAな } ＋ （こと）だろう

<例>
① リーさんは親友のワンさんが帰国してしまい、さぞ寂しがっていることだろう。
　　Mr. Lee ought to be really lonely after his best friend Mr. Wang left for his country.
　　小李因为好友小王回国了，一定会感到寂寞吧。

② 写真でもこうなのだから、実際に目にするサハラ砂漠はさぞ雄大なことだろう。

POINT 「ことだろう」は書き言葉
　　　　「さぞ」の代わりに「さぞかし」も使われる

例）「昨日から、母はタイ旅行に行ってるの。」
　　「へえ、あっちはさぞかし暑いだろうね。」

第7週 3日目

確認テスト

【問題1】 正しいほうに○をつけなさい。

1) 将来、宇宙に（a. 行ったこと　b. 行くこと）はないにしても、どんな生物がいるのか知りたい。
2) こんなに多忙だと、さすがの（a. 私は　b. 私も）ストレスが溜まる。
3) みんな（a. 集まる　b. 集まった）ことだし、そろそろ乾杯しよう。
4) 第一志望の大学に合格して、親御さんもさぞ喜んでいる（a. もの　b. こと）だろう。

【問題2】（　　　）に入る適当な表現を □ から選びなさい。
※同じ表現は一度しか使えません。

| ことはないにしても　　ことだし |
| さすがの　　ことだろう |

1) 大統領になる（　　　　　）、組織のトップになりたいという野心はある。
2) 「会社に入って3年になる（　　　　　）、もう少し責任感をもってくれないか。」
3) 駅伝であんな険しい坂を走ったら、さぞ疲れる（　　　　　）。
4) みんなの前であんなことを言われたら、（　　　　　）加藤さんも怒るだろう。

＊野心……自分の実力以上の大きなことを目指したり、望んだりする気持ち
＊駅伝……何人かのチームで、長い距離をリレーしながら走りタイムを競う競技

【問題3】（　　　　　）に入れるのにどちらか適当なものを選びなさい。

1) （　　　　　　　）はさぞ壮大なことだろう。

　　a．私の田舎の自然　　　　　　　　b．南極の氷河

2) 今月は頑張って働いたことだし、（　　　　　　　　　）

　　a．とても疲れた　　　　　　　　　b．自分にプレゼントをあげよう

3) いつもは落ち着いているが、今回の集中豪雨にはさすがの彼女も
（　　　　　　　　　）。

　　a．パニックになっていた　　　　　b．家に帰れない

4) 100キロを超えることはないにしても、（　　　　　　　　　　）。

　　a．しっかりダイエットしている　　b．かなり太ったのは事実だ

195ページで答えを確認！

得点　　／12

(第7週2日目の解答)
問題1　1) a　2) b　3) b　4) a　5) a
問題2　1) b　2) c　3) a

第7週 4日目 〜ずじまいだ / 〜そうもない / 〜たことにする / 〜たつもりだ

「使い方がわからずじまい」にならないように！

〜ずじまいだ

意味 〜ができないまま終わる

やろうという意志はあったが、何か理由や事情があって結局はできなかったという意味。話し手の「残念だ」という気持ちを表す。

Ending without doing .... Means that something could not be done for some reason/condition despite one's intention of doing it. Expresses the speaker's regret.

没做成就结束……。表示虽然有过干劲，但是因为某种理由或原因，结果没做成的意思。说话人表示「遗憾」的心情时的表达方式。

接続 V ない形 ＋ ずじまいだ
（ただし「する」は「せずじまい」、「来る」は「来ずじまい」になる）

<例> ① 病床の祖父のところへお見舞いに行きたかったが、行けずじまいだった。
　　　I wanted to visit my ailing grandfather, but I was unable to do so.
　　　想去看望躺在病床上的祖父，但是，最终还是没去成。
② 出張のついでに現地の友人たちに会いたかったが、結局忙しくて誰にも会えずじまいだった。
③ 大学時代の友だちは、一度海外赴任してから、その後どこにいるのかわからずじまいだ。

POINT 「じまいだった」は、今ではそれをする可能性が全くないという意味を強調

第7週4日目

～そうもない / ～そうにない

意味 ～の可能性があまりない

今の状況から考えて、それが実現する可能性がとても低いという意味。
Be much less likely to .... Means that something is very unlikely to happen or be realized considering the current situation.
……的可能性很小。表示从现在的情况来考虑，实现那件事情的可能性非常小的意思。

接続 　Ｖ　ます形　＋　そうもない / そうにない

<例> ① さまざまな要因が重なり、日本経済は急激には回復しそうもない。
　　　　Due to the confluence of various factors, Japan's economy doesn't appear to be recovering rapidly.
　　　　各种原因堆积在一起，日本经济快速恢复的可能性很小。
② 連休にはのんびりしたいが、至急の仕事が入ってしまい休めそうもない。
③ 今度の日曜日は海へ行く予定だが、天気予報によれば晴れそうにない。
④ 大切なテスト前なのに友達が遊びに来て、なかなか帰りそうもない。

＊至急……特別に、何よりも急がなければならない状況

第7週4日目

～たことにする

意味　～というふうに考える

「Aたことにする」で、事実とは違うが、何か理由があって「Aをした」というふうに自分で考えようとしたり、周囲にアピールする。

Regarding it as ..... Aたことにする means that for some reason you try to convince yourself or others that "you did A," when in fact you did not.

好象……似的想。用「Aたことにする」的形式表示。虽然与事实不同，但是由于某种原因「做了A」，如此这般地自己想，或者向周围的人表白。

接続　V　た形　＋　ことにする

<例>
① こっそり姉のバッグを借りたが、怒られるので借りなかったことにしてしまおう。
I borrowed my sister's bag behind her back, but I insist that I never did because she would get angry.
偷偷地用了姐姐的包，但是怕挨骂，所以就装作没用过。

②「申し訳ないのですが、こちらの事情が変わりましたので、この件はなかったことにしてください。」

③ コーヒーを飲んだことにして、毎日500円ずつ貯金している。

～たつもりだ / ～たつもりだった

意味 ～と自分では思っている

自分の過去の行動について、「実際どうかは別として、自分ではそれをしっかりやったと考えている」という話し手の主張。

Believing .... Expresses the speaker's assertion that "I did it very well, whether true or not" about his/her past action.

自己是……想的。说话人对自己过去的行为，表示「不管事实怎样，自己是觉得认真地做了」的主张。

接続 Vた形 ＋ つもりだ / つもりだった

<例> ① 結局会社は倒産してしまったが、私としては最善を尽くしたつもりだ。
Although the company eventually went bankrupt, I believe that I did the best I could.
虽然结果是公司倒闭了，不过作为我已是尽了最大的努力了。

② 日本にある数多くの大学の中から、最も素晴らしい大学を選んだつもりだ。

POINT 「つもりだった」は、事実はそうではないことがわかった時の表現
例）窓を閉めて出かけたつもりだったが忘れてしまい、泥棒に入られてしまった。

PLUS 「～のに」で終わり、後文を省略する場合もある
例）窓を閉めて出かけたつもりだったのに（実際は違った）。

第7週 4日目

確認テスト

【問題1】 正しいほうに○をつけなさい。

1）今からタクシーを飛ばしても（a. 間に合う　b. 間に合い）そうもない。
2）空き巣に入られた。しっかり閉じまり（a. する　b. した）つもりだったのだが…。
3）彼の故郷に行きたいと思っているが、今も行け（a. ず　b. ない）じまいだ。
4）高級ステーキを（a. 食べた　b. 食べる）ことにして、貯金箱にお金を入れた。

【問題2】 「たことにする」か「たつもりだった」を使って、下線の部分を同じ意味の内容に書き換えなさい。

1）しっかり見直したと自分では思ったが、ミスがいくつもあった。
2）自分でしたというふうにして、友人がやった宿題を提出した。
3）旅行をしたというふうに考えて、被災地に義援金を送った。
4）私としてはベストを尽くしたと思っていたが、結果は散々だった。

＊義援金……災害にあった人、または恵まれない人たちを助けるためのお金
＊散々……いやになるほど、ひどい状態

【問題3】（　　　　）に入れるのにどちらか適当なものを選びなさい。

1) 彼のためにと親切にしていたつもりだが、（　　　　　　　　）。
   a．お礼を言われてしまった　　　　b．余計なお世話だったようだ

2) （　　　　　　　　）、大学の同級生とは会えずじまいだ。
   a．お互いに忙しくて　　　　　　　b．あまり会いたくないので

3) （　　　　　　　　）、自分もそのニュースを聞いたことにする。
   a．私も興味があったので　　　　　b．知り合いと話を合わせるために

4) 週末は休めそうもないので、（　　　　　　　　）。
   a．デートをキャンセルした　　　　b．ぜひ休みたい

201ページで答えを確認！

得点　／12

(第7週3日目の解答)
問題1　1）b　2）b　3）b　4）b
問題2　1）ことはないにしても　2）ことだし　3）ことだろう　4）さすがの
問題3　1）b　2）b　3）a　4）b

195

第7週 5日目

～たら～たで / ～た拍子に / てっきり～かと思っていた / ～てでも

まだ大丈夫。忘れたら忘れたで、もう一度確認しよう！

～たら～たで

（1） 意味　もし～たら、その時は

「AたらAたでB」で、Aという状況になったら、その時なりの別の対応があるという意味。

If...., then AたらAたでB means that there will be a different way to deal with situation A if such a situation arises.

如果……的话，那时就……。用「AたらAたでB」的形式，表示如果处于A那种状态了的话，就有符合那时的其它应付方法的意思。

接続　{ Vた形 / イAかった / ナAな } ＋ ら ＋ { Vた形 / イAかった / ナA } ＋ で

<例>
① もし電車が止まったら止まったでバスで行けばいい。
　　If the train stops, well, then I can take a bus.
　　电车停了就停了吧，那就坐公共汽车走吧。

② 遅刻してしまったら遅刻してしまったで、先生に理由を正直に言うしかない。

（2） 意味　もし～たら

「AたらAたでB」で、Aの前にイメージしていたことと、実際にAが起きた後の気持ちや状況は違うという話し手の感想。

If.... AたらAたでB expresses the speaker's impression that the feeling and situation after A arises was different from what was expected before A.

如果……的话。用「AたらAたでB」的形式表示。在A发生之前想象的情况，和实际上A发生之后的心情或情况不同。表示说话人的这种感想。

<例>
① 恋人は欲しいが、いたらいたで少し面倒な気がする。
　　I want to have a boyfriend, but it may be a bit of bother if I did.
　　恋人想要是想要，但是，如果有了的话又会觉得有点麻烦。

② テストの点数が悪いと叱られるが、よかったらよかったでカンニングを疑われるから嫌だ。

〜た拍子に

意味　〜をしたその瞬間に

「Aた拍子にB」で、Aをしたそのタイミングに予期しないことが起きてしまったという意味。
At the moment of .... Aた拍子にB means that unexpected event B occurred at the moment of doing A.
做……的瞬间。用「Aた拍子にB」的形式，表示在做A的那一瞬间，发生了预想不到的事情。

接続　V　た形　＋　拍子に

<例>　① 荷物を持ち上げた拍子に、ギックリ腰になってしまった。
　　　　　Upon lifting up the luggage, I strained my back.
　　　　　就在将行李抬起的瞬间，腰被闪了。
　　　② 駅の階段で転んだ拍子に、ヒールが取れてしまった。
　　　③ ふとした拍子に、初恋の人を思い出した。

POINT　動詞は瞬間動詞

×漢字を覚えたが、国に一時帰国した拍子に忘れてしまった。

＊ギックリ腰……重い物を持とうとしたことなどが原因で、急に腰を痛めること

第7週5日目

てっきり〜かと思っていた

意味 まちがいなく〜と思った

事実とは違うことを、自分だけでそう思っていたという意味。もうすでに、それが間違っていたということがわかった時の表現。

Was sure of .... Means that the person was the only one who believed what was not true. Used when the person realizes it was wrong.

原以为……肯定是……。表示把跟事实不同的事情，只有自己是那样想的。已经知道自己错了的时候的表达方式。

接続

てっきり ＋ { V / イA / ナA / N 普通形 } ＋ かと思っていた

<例>
① 森さんのことをてっきり20代かと思っていたが、実は40代だと聞いて驚いた。
　　I was sure that Ms. Mori was in her 20s, but I was surprised to hear that she is in her 40s.
　　原以为森先生肯定20多岁，但当听说实际上已40多岁了，令我很吃惊。
② 月曜日、起きたら10時だった。てっきり祝日かと思っていたのだ。
③「高橋さんって、お子さんもいるの？　てっきり独身かと思っていたわ。」

POINT　「勘違いしていた」という意味

～てでも

意味　～という方法を使っても

「AてでもB」で、Bという目的のためなら、Aという普通は使わないような方法・手段でも使うという強い意志を表す。

Even by means of .... AてでもB expresses a strong will to use method/means A, which is not used under ordinary circumstances, for the purpose of B.

使用……方法也要……。用「AてでもB」的形式表示。为了实现B目的的话，平时不用的A这种方法或手段也会使用。表示强烈的意志。

接続　Vて形　＋　でも

<例>
① 自分の命を犠牲にしてでも、子どもたちを守りたい。
　　I want to protect the children even if I have to sacrifice my own life.
　　即使牺牲自己的生命，也要保护孩子们。
② 好きな人に彼女がいたら、その彼女から奪ってでも彼を恋人にしたい。
③ 「部長、体調が悪いんですが。」「今日は大事な会議だ。はってでも来い。」

＊犠牲……人を助けるためなどに、自分の命など大切なものを捨てること
＊はう……地面に体をつけて前に進むこと

第7週 5日目 確認テスト

【問題1】 正しいほうに○をつけなさい。

1) 雪で（a. 滑った　b. 滑る）拍子に手をついて骨折してしまった。
2) 財産はないのも困るが、（a. あったらあったで　b. あったりなかったりで）管理が大変だ。
3) 田中さんと一緒にいるのは、てっきり（a. お姉さんか　b. お姉さんだか）と思っていたがお母さんだった。
4) コネを（a. 使って　b. 使った）でも、この会社に就職したい。

> ＊コネ……就職などの時にある人に有利に働く、特別な関係。
> 「コネクション」の省略形

【問題2】 Aの文の意味と同じものにA、Bの文と同じものにBと書きなさい。

　　A：傘がなくても、雨が降ったら降ったで何とかなる。
　　B：コンビニは便利だが、近くにあったらあったでつい余計なものを買ってしまう。

1) 報告したらしたでうるさいし、しなかったらしなかったで叱られるし、部長とは相性が悪い。（　　）
2) 仕事も勉強も、時間がなかったらなかったで工夫できるはずだ。（　　）
3) 大家さんに旅行のお土産をいただいたので、会ったら会ったで直接お礼を言うが、会えなかったら会えなかったで電話するつもりだ。（　　）
4) 彼女にふられたらふられたで、また次の人を見つけるまでだ。（　　）

【問題3】（　　　　）に入れるのにどちらか適当なものを選びなさい。

1) 同僚からの電話はてっきり仕事の件かと思ったら、（　　　　　　　）。
   a. 週末の食事の誘いだった　　　　b. 会議の時間変更の話だった

2) 寒いのは嫌いだが、日本の冬が暖かかったら暖かかったで、（　　　　　　　）。
   a. 冬物が売れなくて困る　　　　b. 私としてはうれしい

3) 道で自転車とぶつかった拍子に、（　　　　　　　）。
   a. それは知り合いだった　　　　b. メガネが壊れた

4) 汚い手を使ってでも、（　　　　　　　）。
   a. お金を稼ぎたい　　　　b. むだ遣いをしない

205ページで答えを確認！

得点　　／12

・・・

(第7週4日目の解答)
問題1　1) b　2) b　3) a　4) a
問題2　1) しっかり見直したつもりだったが　2) 自分でしたことにして
　　　　3) 旅行したことにして　4) ベストを尽くしたつもりだったが
問題3　1) b　2) a　3) b　4) a

第8週 1日目

～て何よりだ／～ては…、～ては…／～てはかなわない

「勉強したところが出て何よりだ」と言えるように！

～て何よりだ

意味 ～てよかった、安心した

心配だったり不安だったことが思ったよりいい結果になり、安心したという話し手の気持ちを表す。
Glad/relieved about .... Expresses the speaker's relief that anxiety/worry were shown to be unwarranted by a good result.
……太好了，放心了。由于担心或不安的事情得到了比预想的更好的结果，所以放心了。表达说话人的这种心情。

接続

$$\begin{Bmatrix} V \, て形 \\ イAくて \\ ナAで \\ Nで \end{Bmatrix} + 何よりだ$$

＜例＞
① 知り合いが登山中に行方不明になったが、無事に発見されて何よりだ。
　　My acquaintance went missing while mountain climbing, but I am glad that he was found safely.
　　一个熟人在登山的时候失踪了，后来被平安找到了，真是太好了。

② 「先生、すっかりご無沙汰しておりました。」「でも、元気そうで何よりね。」

PLUS 「～ず何より」もある

例）祖母が家の中で転んだが、大事には至らず何よりだ。

202

～ては…、～ては…

意味 くりかえして～する

「AてはB、AてはB」で、一度だけではなく何度もAしてBという行動パターンを繰り返すという意味。
Repeatedly doing …. AてはB、AてはB means that a behavioral pattern of doing A and B is repeated not only once but several times.
反復……做。用「AてはB、AてはB」的形式，表示不止一次，多次反復做A后又做B这种行动模式的意思。

接続 Vて形 ＋ は ＋ Vます形、Vて形 ＋ は ＋ Vます形

<例> ① 卒論作成は、パソコンで打っては直し、打っては直しで丸半年かかった。
It took me a full half a year to prepare my graduation thesis, typing and revising over and over on my PC.
写毕业论文用电脑打，打了又改，打了又改，花了整整半年的时间。

② 10キロマラソンに出場し、走っては休み、走っては休みで何とか完走できた。

POINT くだけた話し言葉で「～ちゃ」もある
例）恋愛中の妹は、彼の写真を見ちゃニヤニヤ、見ちゃニヤニヤしている。

PLUS リピートしない場合もある
例）子どもの頃、おもちゃを出しっぱなしにしては親にしかられた。

第8週1日目

～てはかなわない

意味 〜は嫌だ、我慢できない

それをしたり、されるのは自分にとっては苦痛だという意味。話し手の不満や嫌悪感を表す。

Dislike ...., cannot stand .... Means that doing it or someone doing it to you is painful or annoying to the person concerned. Expresses the speaker's discontent and disgust.

不愿意……，不能容忍。表示那件事情无论是自己去做，还是被人指使去做，对自己来说都是很痛苦的事情的意思。表示说话人的不满或厌恶感。

接続

{ Vて形 / イAくて / ナAで / Nで } + はかなわない

<例>
① 漢字を覚えるためとはいっても、毎日テストをされてはかなわない。
　I cannot stand daily kanji (Chinese character) quizzes, even though they may be good for remembering kanji.
　虽说是为了记住汉字，但是每天考试也受不了。

② 一時帰国したいが、往復航空券がこんなに高くてはかなわない。
③ いくら家賃が安くても、こんなに不便ではかなわない。引っ越しを考えよう。

POINT 「ては」は「ちゃ」、「では」は「じゃ」にすると、くだけた表現になる
例）いくら8月でも、毎日こんなに暑くちゃかなわない。

確認テスト

第8週 1日目

【問題1】 正しいほうに○をつけなさい。

1）マラソンで完走したとはいっても、後半は

（a. 歩くと休み歩くと休み　b. 歩いては休み歩いては休み）で、7時間かかった。

2）海がにぎわう夏だというのに、こんなに涼しくては（a. かなわない　b. ならない）。

3）友人がケガをしたと聞いてドキッとしたが、(a. 軽くて　b. 軽さが) 何よりだ。

4）息子を大学院まで出したのに、

　　　いつまでもフリーターをされて（a. いてならない　b. いてはかなわない）。

【問題2】（　　　）に入る最も適当なものを一つ選びなさい。

1）弟は食中毒のような症状で、（　　　）苦しんでいる。

　a. 食べてから吐いて食べてから吐いて　　b. 食べては吐いて食べては吐いて

　c. 食べたから吐いて食べたから吐いて

2）二人の間にはいろいろあったようだが、（　　　）何よりだ。

　a. ケンカが多くて　　b. 結婚するのか　　c. 仲直りして

3）こちらがやることにいちいち（　　　）はかなわない。

　a. アドバイスしてくれて　　b. 文句ばかり言われて

　c. 答えてくれて

4）息子はアルバイトを辞めて、家で（　　　）いる。

　a. 食っちゃ寝食っちゃ寝して　　b. 食べて寝て食べて寝て

　c. 寝ちゃ食って寝ちゃ食って

209ページで答えを確認！

得点 ／8

（第7週5日目の解答）

問題1　1) a　2) a　3) a　4) a
問題2　1) B　2) A　3) A　4) A
問題3　1) a　2) a　3) b　4) a

第8週 2日目　～手前 / ～てまで / ～てみせる

> 「合格する」と言った手前、必ず合格してみせる！

～手前

意味　の前では、～した以上は

「A手前B」で、Aという人の前や、Aという状況の下では、自分をよく見せようとBという行為をするということ。

In front of ...., now that .... is done A手前B means taking action B to make oneself look better in front of person A or in situation A.

既然在……面前做了……。用「A手前B」的形式，表示在A这种人面前，或者是在A这种情况下，为了好好地表现自己而做B这种行为的意思。

接続　{ V　辞書形・た形 / Nの } ＋ 手前

<例>
① 「たばこはやめる」と宣言した手前、1本でも吸うわけにはいかない。
　　Now that I have declared my intention to quit smoking, I have to refrain from smoking completely.
　　既然发了誓要「戒烟」，那就一根也不能抽。
② 自分で進路を決めた手前、入ったばかりの大学をやめるなんてできない。
③ 恋人の手前、レジでお金が足りないとは言えず、普段は使わないカードで支払った。

～てまで

意味 ～という方法や状況で

「AてまでB」で、Aという普通の状況では使わない手段や状況で、Bという目標を果たすという意味。

By means of ...., by using a situation of .... AてまでB means that method or situation A, which are not used under ordinary circumstances, are used to achieve goal B.

在……方法或情况下。用「AてまでB」的形式，表示用A这种在一般的情况下不使用的方法或手段，实现B这种目的的意思。

接続 Ｖて形 ＋ まで

<例>
① 現在の仕事はやりがいがあるが、プライベートを犠牲にしてまで続けたいとは思わない。
My current job is rewarding, but I don't want to continue it at the cost of my private life.
现在的工作是值得做的，但是不想持续到牺牲个人的程度。

② ファッションに興味はあるが、カードを使ってまで高価な物を買いたくない。

③ 人をだましてまで金もうけしようとする人が増えているなんて、世も末だ。

POINT 文末は否定的な内容が多い

参考）第7週　5日目「～てでも」

*世も末……救うことができないくらいひどい社会

第8週2日目

〜てみせる

意味 必ず〜する

負けたくないという気持ちから、努力して目標を実現するという話し手の強い意志。

Making sure to do .... Expresses the speaker's strong intention to strive to make a dream come true, driven by a feeling of not wanting to be outdone or outranked by others.

一定……做。出于不甘心失败的心理，努力实现目的。表示说话人强烈的意志。

接続 V て形 ＋ みせる

<例> ① 前回はライバルに1点差で負けたが、今回は絶対に勝ってみせる。
I was beaten by my rival by one point in the last game, but I am sure that I will win this time.
上次以1分之差输给了对手，这次一定要赢给他看看。

② 親は無理だと言うが、3年後には自分のカフェをもってみせる。

③ 今はストリートミュージシャンだが、いつかメジャーデビューしてみせる。

＊ストリートミュージシャン……駅前や通りで演奏しているアマチュアミュージシャン

PLUS 他の人に何かをしてみせてあげるという意味もある

例）「一度私がこの曲を弾いてみせるから、その通りにやってみて」

第8週 2日目 確認テスト

【問題1】 正しいほうに○をつけなさい。

1) 友人を（a. 裏切る　b. 裏切って）まで、自分が幸せになろうとは思わない。

2) みんなの前で「できる」と（a. 言う　b. 言った）手前、何がなんでもやるしかない。

3) 前回は不合格だったが、今回は必ず（a. 合格して　b. 合格を）みせる。

4) （a. 好きな人が　b. 好きな人の）手前、カッコ悪い姿は見せられない。

【問題2】（　　　　）に入れるのにどちらか適当なものを選びなさい。

1) このままではあきらめられない。（　　　　　　　）。

　　a. 絶対に彼女と結婚してみせる　　b. 日本語が少し上手になってみせる

2) 「優勝する」と家族に宣言した手前、（　　　　　　　）。

　　a. 果たしてできるだろうか　　b. 絶対に負けられない

3) 海外で暮らしてみたいとは思うが、（　　　　　　　）。

　　a. 会社を辞めてまでは…　　b. 会社を辞めてまでだ

4) 「ヴァイオリンが弾けるんだって？（　　　　　　）」

　　a. 弾いてみせてよ　　b. 弾いてみせるよ

213ページで答えを確認！

得点 ／8

(第8週1日目の解答)
問題1　1) b　2) a　3) a　4) b
問題2　1) b　2) c　3) b　4) a

第8週 3日目 〜ても差し支えない / 〜ても…きれない / 〜ても始まらない

今さらあわてても始まらない。落ち着いてチェック！

〜ても差し支えない

意味　〜ても、特に問題はない

「Aても差し支えない」で、もしAをしたり、Aという状況でもいい、大丈夫だという意味。積極的に認めるというよりは、消極的なイメージ。

Even if ...., there won't be any particular problem. Aても差し支えない means that it is okay to do A or be in situation A. Expresses a rather passive recognition or acceptance, rather than a positive one.

即使……也没有什么的问题。用「Aても差し支えない」的形式表示。做A这种事情也好，或者在A这种状态也好，都无关紧要。不象是积极地接受，更象是消极地接受。

接続

$$\left\{\begin{array}{l} Vて形 \\ イAくて \\ ナAで \\ Nで \end{array}\right\} + も差し支えない$$

<例>　① 夏の節電のために、いつもよりカジュアルな服装で出社しても差し支えない。
　　　　You can come to work dressed more casually than usual to save electricity for the summer.
　　　　为了夏季节电，穿比平时随便一点的服装上班也没有关系。

　　　② 「このマンションは、小動物なら飼っても差し支えありません。」

PLUS　相手に何かを依頼する場合、ていねいな印象を与える前置きとしても使う

　　　例）「もし差し支えなければ、連絡先を教えていただきたいんですが。」

～ても～きれない / ～きれるものではない

意味 ～しても完全には～できない

それをやろうとしても、完全には果たせない。また、状況的にそれは無理だという意味。
Cannot do .... completely and thoroughly Means that it cannot be completely accomplished even if one tries or that it is impossible to do it under the circumstances.
即使做了……也不可能完全做好。即使想做那件事情，也不可能完全做好。或者，根据情况来看，不可能做好。表示这种意思。

接続 { V 意向形とし / V て形 } ＋ても＋Vます形＋ きれない / きれるものではない

<例>
① 他人の気持ちは読もうとしても、なかなか読みきれないものだ。
　　You cannot completely understand another person's mind even if you try hard.
　　即使想理解别人的心情，怎么也理解不透。
② 彼の知性は、隠そうとしても隠しきれるものではない。
③ 滞在中にお世話になった方々には、感謝してもしきれない。

POINT 「～きれるものではない」のほうが客観的

～ても始まらない

意味 ～ても、解決はできない

そんなことをしていても、ものごとは何も進まないし解決しないから、他のことを考えるべきだという話し手の批判的な意見。

Impossible to resolve even if .... Expresses the speaker's critical opinion that it is the time to start thinking about other things because doing such a thing does not advance things or resolve anything.

即使做……也不能解决。即使那样做，事情也没有任何进展，也得不到解决，所以应该考虑其它方法。表示说话人批判性的意见。

接続 V て形 ＋ も始まらない

<例> ① 失敗を今さら後悔しても始まらないから、次のことを考えなさい。
There isn't any point in your worrying about your failure now, so think about the next thing.
失败的事情现在后悔也没有用，考虑下面的事情吧。

② 学生がもっと頑張ってくれなければ、教師だけがやる気を出しても始まらない。

③「一人でくよくよ悩んでいても始まらないよ。よかったら、私に話してみて。」

＊くよくよする……気にしていても仕方がないようなことを、いつまでも続けている様子

確認テスト

第8週 3日目

【問題1】 正しいほうに○をつけなさい。

1) いつまでも文句を（a. 言っていても　b. 言って）始まらない。前向きに考えよう。

2) 「今日は、はんこがないんですが」

「ああ、サインでも（a. 差し支えますよ　b. 差し支えないですよ）。」

3) 自分のミスで逆転されてしまい、悔やんでも（a. 悔やむ　b. 悔やみ）きれない。

4) 遊びに（a. 来るの　b. 来て）も差し支えないけれど、駅に着いたら連絡して。

【問題2】 （　　　　）に入れるのにどちらか適当なものを選びなさい。

1) この商品の支払いは、（　　　　　　　　　）。

　　a. カードの分割払いでも差し支えない　　b. カードの分割払いが差し支えない

2) 「まったく！（　　　　　　　　　）も始まらないのに。」

　　a. コンサートは6時になっているの　　b. 悪口を言い合っていて

3) 大食いコンテストをやっているが、ラーメン10杯なんて（　　　　　　　　　）。

　　a. 食べようとしても食べきれるものではない

　　b. 食べたとしても食べきれるものではない

4) 「契約は（　　　　　　　　　）も差し支えないですよ。」

　　a. 身分証明書がなくて　　b. 身分証明書を出して

219ページで答えを確認！

得点　／8

（第8週2日目の解答）
問題1　1) b　2) b　3) a　4) b
問題2　1) a　2) b　3) a　4) a

第8週 4日目 ～というよりむしろ／～ときまって／～とみられる／～ないとも限らない

こういう機能語が出ないとも限らないよ！

～というよりむしろ

意味 　～よりも…のほうがぴったりだ

「AというよりむしろB」で、Aも間違いとは言えないが、Bの方が表現としてぴったりだという意味。

.... is more suitable than .... AというよりむしろB means that, although A is not necessarily wrong, B is a more suitable expression.

比……更适合。用「AというよりむしろB」的形式，表示不能说A不对，但是B可能更合适于表达的意思。

接続

$$\left\{\begin{array}{l} V \\ イA \\ ナA \\ N \end{array}\right\} 普通形 + というよりむしろ$$

（ただし、ナAとNは「だ」がつかないこともある）

<例>
① 新しい部長は、優しいというよりむしろ優柔不断なタイプだ。
　　The new manager is an indecisive person, rather than a kind person.
　　新部长，与其说是和善，倒不如说是优柔寡断的类型。
② 彼女は美人というよりむしろキュートな感じだ。
③ 学生が勉強するのは義務というよりむしろ権利であり、そのチャンスを生かすべきだ。

*優柔不断……何かを決める時になかなか決められないで困る性格

第8週4日目

～ときまって

意味　～といつも

「Aときまって B」で、Aが起こると必ず Bという現象や行動も起こるという意味。
Every time when ....　Aときまって B means that phenomenon/action B never fails to follow A.
一旦……总是。用「Aときまって B」的形式，表示一旦发生A的话，一定会发生B这种现象或行为的意思。

接続　V　辞書形　＋　ときまって

<例>
① 顔なじみの韓国料理店に行くと、きまって加藤さん家族も来ている。
　　Every time I go to my favorite Korean restaurant, the Katos are there.
　　每次去那家常去的韩国饭馆，总是能碰到加藤一家。

② 夜10時になると、きまってアパートの隣の部屋から変な音が聞こえる。

③ 子どもの頃、テストの朝になるときまって腹痛を起こした。

215

第8週4日目

〜とみられる

意味 〜と考えられる

様々な状況から、そう考えられる、判断されるという意味。
Regarded as .... Means that various situations lead to that conclusion/judgment.
可认为……。表示根据各种情况，可以那么认为，可以做出那种判断的意思。

接続
$$\begin{Bmatrix} V \\ イA \\ ナA \\ N \end{Bmatrix} 普通形 + とみられる$$

<例>
① 事件の現場付近では、20代とみられる怪しい男性が目撃されている。
A man believed to be in his 20s was witnessed near the crime scene.
在事件现场附近，有人看见了看起来像20多岁的可疑的男子。

② ＵＦＯとみられる物体が飛んでいる、と多くの市民から警察に通報があった。

POINT 「みられている」は、前から現在まで継続してそう考えられているという意味

例）この周辺で地震が起こる確率は、今後30年で30％程度とみられている。

～ないとも限らない

意味　～かもしれない

一般的にはAはないと考えられるが、まったく可能性がないわけではない。少しは可能性があるという話し手の判断を表す。

May be .... Means that A is not generally considered but it does not mean zero possibility. Expresses the speaker's judgment that there is a slight possibility.

也许……。一般情况下可能认为不是A，但是，也不是说完全没有可能性。说话人认为稍微有可能性的表达方式。

接続
$$\left\{\begin{array}{c} V\ ない形 \\ イAく \\ ナAじゃ \\ Nじゃ \end{array}\right\} + ないとも限らない$$

<例>
① 古いスーツだが今後着ないとも限らないから、捨てずに取っておこう。
　　This is an old suit, but I am keeping it because I might actually wear it again later.
　　虽然是旧衣服，也许以后会穿呢，不要扔掉，要保存起来。
② 彼は口が堅いほうだが他の人に話さないとも限らないから、この話は秘密にしよう。
③ 明日は入試だ。電車が遅れないとも限らないから、早めに家を出るつもりだ。

第8週 4日目 確認テスト

【問題1】 正しいほうに○をつけなさい。

1) 台風が（a. 来た　b. 来る）と、きまってこの辺りは浸水する。
2) 放火事件が起きて3か月になるが、未だに犯人（a. とまる　b. とみられる）人物の情報は少ない。
3) この料理は、まろやかと（a. いうより　b. みられるより）特徴のない味だ。
4) 「宝くじなんて買ってるの？」「だって、3億円が（a. 当たらない　b. 当たる）とも限らないでしょ。」

*まろやか……やさしい食感で食べやすいこと

【問題2】　□の中から適当な表現を使って、下線の部分を書き換えなさい。
※同じ表現は一度しか使えません。

| とみられる　　ときまって　　というよりむしろ　　ないとも限らない |

1) 駅前のカフェに行くと、いつも私が好きなポップスが流れている。
2) この作家の新作はリアルよりグロテスクという表現が合う。
3) 人生はドラマだ。チャンスがあれば、ハリウッドスターと結婚できるかもしれない。
4) 駅のホームのベンチで、爆弾と考えられる不審物が発見された。

*リアル……細かいところまで実物のように感じられる様子
*グロテスク……見る人が気持ち悪くなるような異様な様子

【問題3】（　　　　）に入れるのにどちらか適当なものを選びなさい。

1) 部長はリーダーシップがあるというより、（　　　　　　　　）。
   a．エゴイストだ　　　　　　　　b．みんなを引っ張ってくれる人だ

2) その男が犯人とみられたが、（　　　　　　　　）。
   a．警察でいろいろ調べられた　　b．DNA鑑定で無罪となった

3) うちの犬は、父の靴音が聞こえるときまって、（　　　　　　　　）。
   a．グーグー寝ている　　　　　　b．玄関に向かって走っていく

4) 世の中には（　　　　　　　　）ことがないとも限らない。
   a．魚が空から降ってくるような　b．太陽が月に隠れてしまうような

＊DNA鑑定……DNA（デオキシリボ核酸）の構造を調べ、個人を特定する鑑定。多くの犯罪捜査で採用されている

225ページで答えを確認！

得点　　／12

（第8週3日目の解答）
問題1　1) a　2) b　3) b　4) b
問題2　1) a　2) b　3) a　4) a

第8週 5日目

～に言わせれば／～に限ったことではない／～に越したことはない／～のなんの

こんな表現も、覚えておくに越したことはない！

～に言わせれば

意味　～の意見では

「Aに言わせれば」で、その後にはAという人の個人的な意見や主張が続く。その前に他の人の意見が示されていて、それとAの意見とは違うというニュアンスが強い。

According to the opinion of .... Aに言わせれば is followed by a personal opinion and assertion of person A. Since other people's opinions have been presented in advance, it emphasizes that these opinions are different from that of A.

按照……的意见。用「Aに言わせれば」的形式表示。在此之后接A个人意见或主张。在此之前接表示其他人的意见，这个意见和A的意见不同。表示这两个意见不同的语气很强。

接続　N ＋ に言わせれば

<例>
① みんな暑いと言うが、南国育ちのマリーさんに言わせれば、こんなのは序の口らしい。

　　Everyone says that it is hot, but this is just the beginning of summer according to Marie who grew up in a southern country.

　　大家都说热，可是按生长在南方的玛丽的话说，这好像才是刚刚开始。

② 部長はリーダーシップがあると言われているが、私に言わせればただ傲慢なだけだ。

③ 私はまだ結婚のことなど頭にはないが、両親に言わせればもう遅いのだそうだ。

PLUS　Aは人を表す言葉

＊序の口……まだまだこれから。始まったばかりのレベルであること

～に限ったことではない

意味 ～だけではない

それだけではなく他にも当てはまる、もっと広い範囲にそのことが言えるという意味。

Not only .... Means that it is applicable to not only that but also to others or that it is true in a broader range.

不只是……。不只是对那个，对其它的也合适，表示那件事情在更大范围内都可以讲。

接続 N ＋ に限ったことではない

<例>
① 猛暑日が続いているのは、今年に限ったことではない。去年もそうだった。
 The continuation of extremely hot days this year is not new. Last year was like this, too.
 不只是今年连日酷暑，去年也是这样。
② エネルギー問題に揺れているのは、日本に限ったことではなく世界全体の課題だ。
③ 文法が難しいのは日本語に限ったことではなく、ロシア語やフランス語も難解だ。

＊難解……たいへん難しく、理解しにくいこと

第８週５日目

〜に越したことはない

意味 〜がいい

「Aに越したことはない」で、Aだったらいい、理想的だという意味。
Preferable .... Aに越したことはない means that A is a preferable/ideal choice.
……可以。用「Aに越したことはない」的形式，表示如果是A的話可以，是很理想的。

接続

{ V 辞書形・ない形
  イAい
  ナA
  N } ＋ に越したことはない

(ただし、ナAとNは「である」がつく場合もある)

<例> ① 将来のことを考えれば、貯金はたくさんあるに越したことはない。
It is best to have much savings when you think about the future.
如果考慮將來，存很多錢是再好不過的了。
② もし生まれ変わるなら、美人に越したことはない。
③ 給料は高いに越したことはないが、それより仕事の内容が面白いかどうかだ。

POINT 「〜越したことはないが」「〜越したことはないけれど」の形も多い

〜のなんの

意味 〜など、いろいろ

都合のいい言い訳などをいろいろ並べる表現。
Such as ...., and the like Expresses a list of various convenient excuses.
……等等，很多。例举种种辩解理由时的表现形式。

接続 { V / イA / ナA / N } 普通形 + のなんの

<例>
① 大学生の弟はテキストを買うのなんのと、母からお金をもらっていく。
My younger brother in college gets money from my mother for various reasons, such as buying textbooks.
读大学的弟弟以买教材等为由，跟母亲要钱。
② 夫は週末になると、疲れたのなんのと家でダラダラ過ごしている。
③ 宿題が多いのなんのと、学校にクレームをつける親が増えているそうだ。

PLUS　「とても〜だ」という意味もある
① 地味だった小学校の同級生が女優になって、驚いたのなんの。
② 韓国旅行に行ったが、料理がどれもおいしいのなんのって。

POINT　「なんのって」は、さらにくだけた表現

第8週 5日目

確認テスト

【問題1】 正しいほうに〇をつけなさい。

1) 料理はおいしい（a. に越したことではない　b. に越したことはない）が、最も大切なのは作った人の愛情だ。
2) あの映画はこの夏一番のヒットになっているが、私に（a. 言わされて　b. 言わせれば）見ものなのはCGだけだ。
3) 連休に行った温泉旅館が風情がある（a. のなんの　b. のなんのと）。
4) 日本（a. に限ったことではなく　b. とも限らず）、介護は社会の大きなテーマだ。

*見もの……見るべきポイント、期待できるもの
*風情……他にはない、そこだけにある趣や空気感

【問題2】 □の中から適当な表現を使って、下線の部分を書き換えなさい。必要なら適当な形に変えなさい。
※同じ表現は一度しか使えません。

| のなんの | に言わせれば |
| に越したことはない | に限ったことではない |

1) 休みは多いほうがいいが、仕事が楽しいので休日出勤も苦ではない。
2) 私はにぎやかなところが好きだが、母の意見では田舎のほうが人間らしい生活ができるそうだ。
3) ちょっとはアルバイトしろと父に言われたが、勉強が忙しいなどと言い訳してやっていない。
4) ドラマだけではなく、最近のテレビはつまらないという声をよく聞く。

【問題3】 次の文に合うものをa〜dから選びなさい。

1) 今年の夏に限ったことではなく、
2) 生まれながらに才能があるに越したことはないが、
3) 弟は、性格が合わないのなんのと、
4) 私は料理が苦手だが得意な人に言わせれば、

a. 材料を見ればすぐにイメージが浮かぶそうだ。
b. 何年も前からクールビズが叫ばれている。
c. 彼女をコロコロ変えている。
d. 努力して天才を超えた人もいる。

*クールビズ……「ビズ」はビジネスからの造語。涼しく快適に過ごすビジネススタイル。主に節電を目的としている
*コロコロ……状況が変わるのがとてもはやい様子

231ページで答えを確認！

得点 /12

(第8週4日目の解答)
問題1　1) b　2) b　3) a　4) a
問題2　1) ときまって　2) リアルというよりむしろグロテスクだ
　　　　3) 結婚できないとも限らない　4) 爆弾とみられる
問題3　1) a　2) b　3) b　4) a

第9週 1日目

～のももっともだ／～ばきりがない／
～ほうがましだ／
～べくもない／～まいとして

ケアレスミスはするまいとして、慎重にもう一度！

～のももっともだ

意味 ～は当然だ

状況から考えて、そういう行動をしてしまうのは当然のことで、その人の心情がよく理解できるという意味。

Naturally .... Means that it is natural to take such an action in such circumstances and the person's mind is very understandable.

当然……。表示根据情况来看，他采取那种行为是理所当然的事情，能够理解那人的心情。

接続　V　辞書形　＋　のももっともだ

<例> ① 長年付き合った彼女に突然ふられたのだから、彼が落ち込むのももっともだ。

It is natural that he is depressed because he was suddenly dumped by his girlfriend who was with him for many years.

因为突然被交往了许多年的女朋友甩了，他当然会情绪低落了。

② 電車で知らないおじさんにじっと見られたら、赤ちゃんが泣いてしまうのももっともだ。

③ 親友に裏切られたら、人間不信になるのももっともだ。

＊人間不信……何か原因があって、自分以外の人間を信じられなくなること

〜ばきりがない

意味 〜すると、なかなか終わらない

いつまでも続けていると際限がない、終わらないから、どこかで妥協するべきだという意味。
Once doing ...., there is no end to it.　Means that there should be a compromise since there is no end if we continue on as now.
一旦……就没完没了。表示不知要持续到什么时候、无止境。因为没完没了、所以应该在某处进行妥协。

接続　V　ば形　＋　ばきりがない

<例>
① 欲を言えばきりがないが、もう少し広い部屋に住みたい。
　　There would be no end to what I want, but I want to live in a room a little larger than this.
　　要说欲望的话是无止境的，但还是想住进稍微宽一点的房间。
② 携帯電話も新しい機種がどんどん発売されて、新しさにこだわればきりがない。
③ 今の会社への不満をあげればきりがないが、待遇がいいからやめられない。

POINT　「きり」は「終わり」という意味

＊こだわる……どんなに細かいこと、小さなことでも徹底的に気にする

第9週1日目

〜ほうがましだ

意味 〜のほうがいい

「AよりBのほうがましだ」で、AもBもけっしていいとは言えないが、どちらか一つを選ばなければいけないならBを選ぶという意味。とても消極的な選択。

Rather .... than .... AよりBのほうがましだ means that, when both A and B are not very good, B is preferable to A if one must be chosen. Very negative selection.

还是……为好。用「AよりBのほうがましだ」的形式表示。不能说A和B都好，但是不得不选择其中之一的话，就选择B的意思。是非常消极的选择。

接続
$$\begin{Bmatrix} Vた形 \\ Nの \end{Bmatrix} + ほうがましだ$$

<例>
① あんな人にお金を貸すくらいなら、捨てたほうがましだ。
　　I'd rather throw it away than lend money to such a person.
　　与其将钱借给那种人，倒不如扔掉好。
② こんな会社で働くなら、フリーターになったほうがましかもしれない。
③ 8年前に買ったパソコンは機能も古いが、ないより（あったほうが）ましだ。

POINT 例文③のように、文の内容でわかる場合は「〜ほうが」を省略することもある

参考） 第7週　2日目「〜ぐらい（くらい）なら」

〜べくもない

意味 まったく〜する可能性はない

状況からして、それをしようとしてもできない、まったくすることができないという話し手の判断。

No possibility of .... at all Expresses the speaker's judgment that it is impossible to do it at all in the present situation.

简直没有做……可能性。根据情况来看，想做那件事情也做不了，简直不可能做。表示说话人的判断。

接続 V　辞書形　＋　べくもない

（ただし、「する」は「すべく」「するべく」どちらでもOK）

<例>
① 人付き合いをしない彼の生活など知るべくもない。
　　It is impossible to know about his life as he doesn't socialize with others.
　　因为他不跟人交往，所以他的生活简直不可能知道。
② 田村さんがきれいなのは否定すべくもないが、それを鼻にかけているのが嫌だ。
③ 今の貯金では、自分の会社をもつなど望むべくもない。

＊鼻にかける……自分が他の人よりも優れていることを、他の人にアピールする、自慢する

POINT かたい表現
Vは「望む」「知る」「比べる」など

第９週１日目

〜まいとして

意味　〜しないように

「AまいとしてB」で、強い意志をもって、Aをしない、Aにならないように努力する、注意するという意味。

Trying not to do .... AまいとしてB means that one makes an effort or be careful not to do A or cause A with a strong will.

为了不做……。用「AまいとしてB」的形式，表示抱着强烈的意志努力或小心不做A，为了不变成A的意思。

接続　V　辞書形　＋　まいとして

（ただし、「する」は「するまい」「しまい」どちらでもOK）

<例>
① 彼女に携帯電話のメールを見られまいとして、ロックをかけた。
　　I locked my cell phone so that she could not view my text messages.
　　为了不让她看到手机的邮件，给锁上了。

② 彼は人前で涙を見せまいとして、さり気なく後ろを向いた。

③ 二度と失敗はするまいとして、彼はコツコツと努力を続けている。

POINT　かたい表現

PLUS　動詞Ⅱ・Ⅲグループは「ない形」もあり

＊コツコツ……ゆっくり、しっかり勉強などに取り組み進んでいく様子

確認テスト

第9週 1日目

【問題1】 正しいほうに○をつけなさい。

1) 自ら死を選んだ彼の心の奥は知る（a. べく　b. べき）もない。

2) センスの悪い靴を履くくらいなら、（a. 裸足の　b. 裸足な）ほうがましだ。

3) 体罰はいけないが、生徒に足を蹴られたら教師が（a. 怒る　b. 怒った）のももっともだ。

4) 同じ過ちは（a. 繰り返し　b. 繰り返す）まいとして、慎重に行動した。

5) 人生、上を（a. 見て　b. 見れば）きりがない。妥協も必要だ。

【問題2】 （　　　）に入る適当な動詞を□から選びなさい。必要なら正しい形に直しましょう。
※同じ動詞は一度しか使えません。

する　　あげる　　たべる　　のぞむ　　いく

1) あの人は完璧だ。長所を（　　　　　）きりがない。

2) こんなまずいものを口にするなら、何も（　　　　　）ほうがましだ。

3) 平凡な私など、あんなエリートとの結婚は（　　　　　）べくもない。

237ページで答えを確認！

得点　／8

(第8週5日目の解答)
問題1　　1) b　2) b　3) a　4) a
問題2　　1) 多いに越したことはないが、　2) 母に言わせれば
　　　　　3) 勉強が忙しいのなんのと　4) ドラマに限ったことではなく、
問題3　　1) b　2) d　3) c　4) a

第9週 2日目

～まま / ～ものとする / よくも～ものだ / ～よし / ～を経て

たいへんな努力を経て、合格を手にできた！

～まま / ～ままに

意味　他の人の意志どおりに

自分の意志ではなく、他の人のすすめ、誘い、命令などにそのまま従ってしまうという意味。

According to other's intention Means that one follows not his/her own will but other's recommendation, offer, order, etc., blindly.

按照别人的意志……。表示不是按照自己的意志，而是完全按照别人的劝说、诱导或命令等去做的意思。

接続　Ｖ　受身形　＋　まま / ままに

<例> ① 店員に勧められるままに高価な靴を買ったが、家に帰ってから後悔した。
I bought an expensive pair of shoes as the sales clerk recommended, but I regretted the purchase when I got home.
按照店员的劝说买了高价的鞋，回家后就后悔了。

② 上司に指示されるまま動くような仕事はしたくない。

③ 友人に誘われるままにお見合いパーティーに参加したが、全然楽しいとは思えなかった。

～ものとする / ～ものとして

意味　～と決める、～と考える

もし事実は違っていても、今の事情を考えて客観的にそうだと判断する、考えるという意味。

Decide to ...., regard as .... Means making an objective judgment according to the current situation, even if the judgment may not be correct.

决定为……，认为……。即使事实不是那样，也要考虑到现在的情况，做出客观上那样的判断，或者认为是那样。

接続　V　普通形　＋　ものとする / ものとして

<例>
① この文法はわかったものとして、次の文法にいきましょう。
　　Assuming that you understood this grammar, let's move to the next one.
　　这个语法就算理解了，进入下一个语法吧。

② 彼はいつも遅刻するから、いないものとして作業を進めよう。

POINT　「～ものとする」は公的な文書などに使われる

例）契約に違反した場合は、部屋を退去するものとする。

第9週2日目

よく（も）〜ものだ

意味 〜できるのが理解できない

他の人の言動について、どうしてそんなことができるのか信じられない、理解できないという非難の気持ちを表す。

Cannot understand why one can do .... Expresses the speaker's critical attitude that he/she cannot understand or believe why someone could have said/done such a thing.

怎么能……不可理解。对他人的言行，表示难以相信为什么会那样做。表示不可理解的谴责的心情。

接続 よく（も） ＋ Ｖ 辞書形・た形 ＋ ものだ

<例> ① 人を殴っておいて「仲直りしよう」なんて、よくも言えたものだ。
How can you say that you want to make up with me after hitting me?
把人打了之后说「想和好」，怎么能说出口呢。

② 専門知識もないのに、よくも知ったかぶって偉そうにできるものだ。

③ １週間旅行しただけなのに留学したなんて、よくあんなつまらないウソがつけるものだ。

POINT 動詞は可能動詞

＊知ったかぶる……本当は知らないことを、まるで知っているように周囲にアピールする

～よし

意味 ～とのこと

「Aよし」で、人から聞いた話の内容を表す。

They say .... Aよし describes the content of a story heard from someone else.

……说是那样。用「Aよし」的形式，表示听人说的内容。

接続
$$\left\{\begin{array}{l} V \\ イA \\ ナA \\ N \end{array}\right\} 普通形 + よし$$

<例>
① 「体調を崩されたとのよし。その後いかがでしょうか。」
"I heard that you became sick. How have you been since then?"
「听说健康状态不好。后来怎样了？」

② 「当時は小学生だったお嬢様が大学に入学されたよし。月日の経つのは本当に早いものですね。」

③ 「京都に引っ越されたとのよし。今度、ぜひお邪魔させていただきたいと存じます。」

POINT かたい表現
会話ではなく、手紙などで使う
「～とのよし」の形で使われることが多い

～を経て

意味　～を通って、～を経験して

「Aを経てB」で、Bという状況やレベルに到達するまでに、Aを通過したり経験したりするということ。結果よりもその過程を強調する表現。

Going through ...., after experiencing .... A を経て B means going through or experiencing A before arriving at situation/level B. Emphasizes the process rather than the result.

通过……，经历……。用「Aを経てB」的形式表示。达到B这种状态或水平之前，得通过或经历A的意思。比结果更强调过程的表达方式。

接続　N ＋ を経て

<例>
① 小学生たちが海に流したボトルは、10年という時を経てアメリカの西海岸にたどり着いた。

The bottles that the elementary students threw into the ocean arrived on the West Coast of America 10 years later.

小学生们投入海里的瓶，经过10年的时间好容易到达了美国西海岸。

② 3000倍の競争率の採用試験を経て、彼女は東京のテレビ局のアナウンサーになった。

③ ドラマのエキストラを経て、今の主役の座をつかんだ。

＊エキストラ……映画やドラマの撮影などで、通行人や観客の役をする人

POINT　Aには場所、時間、経験などが入る

第9週 2日目 確認テスト

【問題1】 正しいほうに○をつけなさい。

1) 人に借金しておいて、よくもあんな高いバッグが（a. 買う　b. 買える）ものだ。
2) 「アメリカから帰国された（a. と　b. との）よし。ぜひ、お会いしたいと存じます。」
3) 先生もいらっしゃる（a. こと　b. もの）として、15名で店を予約した。
4) 親に（a. 望まされる　b. 望まれる）ままに、地元の国立大学に進学した。
5) 姉は営業職（a. から　b. を）経て、今や支社長となった。

【問題2】 ◻ から適当な表現を使って、下線の部分を書き換えなさい。

※同じ表現は一度しか使えません。

| ままに　　　　よくも～ものだ　　　　ものとして |

1) <u>母が勧めるのでその通りに</u>歯科医になった。
2) 今回の会議で<u>契約が成立できたと考えて</u>、次の手続きを進める。
3) <u>人の彼を奪っておいて、私と平気で話せるなんて</u>理解できない。

241ページで答えを確認！

得点　　／8

(第9週1日目の解答)
問題1　1) a　2) a　3) a　4) b　5) b
問題2　1) あげれば　2) たべない　3) のぞむ

第9週 3日目　受身・使役・使役受身

間違えやすいこの3つ、頭の中でもう一度整理しよう！

受身

作り方
Ⅰグループ：書く→書かれる、言う→言われる
Ⅱグループ：食べる→食べられる
Ⅲグループ：来る→来られる、する→される

（1）**意味** 話し手の心情を強調する表現。

N1ではこちらに注目！

Used to emphasize the speaker's feelings. Pay attention to this for N1!

强调说话人心情的表达方式。在N1请注意这里！

<例> ① コンテストに応募した私のイラストが1000点の中から選ばれた。
My illustration with which I entered a contest was chosen from among 1,000 entries.
应征参赛的我的插图，从1000件中被选中了。

② あの時どうして4番の答えにしなかったのか、今でも悔やまれる。
③ 疲れて熟睡しているところを、友達の電話で起こされた。（迷惑の受身）

（2）**意味** その内容を婉曲に伝える表現。

Used as euphemistic expressions.

婉转地传达其内容的表达方式。

<例> ① 屋久杉は樹齢1000年以上と言われている。
It is said that Yakusugi (ancient cedar trees) are over 1,000 years old.
据说屋久杉的树龄超过1000年。

② ビートルズの曲は今でも世界中で愛されている。

使役（しえき）

作り方
Ⅰグループ：急ぐ→急がせる、手伝う→手伝わせる
Ⅱグループ：調べる→調べさせる
Ⅲグループ：来る→来させる、する→させる

（1） 意味　自動詞の使役（じどうし　しえき）

Intransitive passive voice
自动词的被动式

<例>
① 社長は小林さんをロンドン支社に赴任させることにした。
The president decided to transfer Mr. Kobayashi to the London office.
社长决定让小林先生到伦敦分公司上任。

② 犬と人のふれあいを描いたこの映画は多くの人を感動させた。

（2） 意味　他動詞の使役（たどうし　しえき）

Transitive passive voice
他动词的被动式

<例>
① 赤ちゃんがお母さんのおなかにいる時から、赤ちゃんにクラシック音楽などを聴かせるといいらしい。
I heard that it is good for a baby in the mother's belly to hear classical music.
小宝宝在妈妈胎里时候开始给听古典音乐好像挺好似的。

PLUS　使役部分が名詞化された文もある（しえきぶぶん　めいしか　ぶん）

例）小学校で児童に読み聞かせのボランティアをしている。

使役受身

作り方

Ⅰグループ：待たせる→①待たせられる②待たされる

（ただし、「話す」「出す」などは②の形はない）

Ⅱグループ：食べさせる→食べさせられる

Ⅲグループ：来る→来させられる、させる→させられる

（1） 意味 動作主の意志ではなく、他者の意志でその動作をする場合。

Used in the case where an action is taken not according to the agent's intention but other's intention.

不是按照动作主体的意志，而是按照他人的意志做动作的时候。

<例> ① カラオケは好きではないのに、部長に歌わされた（＝歌わせられた）。
   Although I don't like karaoke, I was forced to sing by the manager.
   我不喜欢卡拉ＯＫ，部长却让我唱（＝被迫唱了）。

（2） 意味 何かが理由・原因でそういう気持ちになる。

> N1ではこちらに注目！

Something causes such feelings. Pay attention to this for N1!

因为某种理由或原因，造成那种心情。在Ｎ１请注意这里！

<例> ① 彼の重みのある一言に、いろんなことを考えさせられた。
   His weighty remark made me think about various things.
   他的一句有份量的话，使我想起了很多事情。

② 夏のボーナスが去年の半額以下だったことに、社員一同がっかりさせられた。

確認テスト

第9週 3日目

【問題1】 正しいほうに○をつけなさい。

1) この芸人のギャグにはいつも（a. 笑わせる　b. 笑わされる）。

2) 先週のバス事故は、運転手の心臓発作によるものと（a. みせられて　b. みられて）いる。

3) もう少しで皆勤賞だったのに、初めて遅刻してしまった。

　　　　　　　　　　　　　　　夜更かしが（a. 悔やませる　b. 悔やまれる）。

4) 映画の主人公のセリフに、心を（a. 打たせた　b. 打たれた）。

5) 彼の奇抜なファッションには、いつも（a. びっくりさせられる　b. びっくりされる）。

> ＊皆勤賞……無遅刻、無欠席を一定期間続けること
> ＊奇抜……趣味や考えが他の人とはまったく違い、とても変わっていること

【問題2】 「受身形」「使役形」「使役受身形」のどれか一つを使って、下線の部分を正しい表現に書き換えなさい。

1) 小さい頃、親に無理やり<u>バレエ教室に通った</u>。

2) そんなつもりではなかったのに、私の不注意な一言で<u>友達が怒ってしまった</u>。

3) 愛犬と散歩していて、<u>にわか雨が降った</u>。

245ページで答えを確認！

得点 ／8

（第9週2日目の解答）
問題1　1）b　2）b　3）b　4）b　5）b
問題2　1）母に勧められるままに　2）契約が成立したものとして
　　　　3）よくも私と平気で話せるものだ

第9週 4日目

敬語－尊敬表現
けいご　そんけいひょうげん

わかっているつもりでも、もう一度しっかり確認！

お / ご～になる

<例> ① 社長が出張からお戻りになるまでに、会議の資料を全て揃えなければならない。
I have to prepare all documents for the meeting before the president comes back from the business trip.
社长出差回来之前，会议资料必须全部备齐。

② 田村部長は、趣味でヴァイオリンをお弾きになるそうだ。

PLUS こんな表現も要チェック！

● お / ご～ください
・車内での携帯電話のご使用はご遠慮ください。
● お / ご～なく
・ご質問等ありましたら、ご遠慮なくどうぞ。
● お / ご～願う
・こちらの失礼を、どうぞお許し願います。
● お / ご～いただく
・メールまたはお電話にてご連絡いただけますか。

〜れる・〜られる

意味 「お / ご〜になる」と同じ尊敬表現だが、「お / ご〜になる」の方が丁寧さが増し、「〜れる・〜られる」の方が日常的に使われる。

Also a respectful expression like お / ご〜になる. While お / ご〜になる increases the degree of politeness, 〜れる・〜られる is used more commonly in everyday life.

跟「お / ご〜になる」一样表示尊敬，但是「お / ご〜になる」更郑重，「〜れる・〜られる」在日常生活中使用。

<例> ① 加藤先生は最近、韓国語の勉強を始められたそうだ。
I heard that Mr. Kato recently started studying Korean.
听说加藤老师最近开始学韩国语了。

② 林さんのお父様は長年教育問題に携わってこられた。

POINT 受身形と同じ

PLUS 敬語には「丁寧語」として、こんな表現もあります！
・おいしゅうございます。(＝おいしいです)
・お寒うございます。(＝寒いですね)

接頭語

言葉の前につく「接頭語」で、その言葉が尊敬語か謙譲語かがわかります。

"Prefix" coming in front of a word indicates whether the word is a respectful language or humble language.

根据接在句子前的「接頭語」，可以判断该句子是尊敬语还是谦让语。

尊敬の接頭語

① 「貴」－貴社、貴校 など　　例）「明日３時に貴社にお伺いします。」
② 「高」－ご高説 など　　　　例）高橋教授のご高説を拝聴した。
③ 「尊」－御尊父 など　　　　例）御尊父のご冥福をお祈り申し上げます。

謙譲の接頭語

① 「拝」－拝見、拝借、拝聴 など　例）先生のお話を拝聴いたしました。
② 「拙」－拙著、拙宅 など　　　　例）恥ずかしながら拙著を出版いたしました。
③ 「弊」－弊社 など　　　　　　　例）説明会は来週水曜日の１時より弊社で行います。

PLUS　「貴社」の他にも「御社」がよく使われる

ビジネスでは「今日」は「本日」、「明日」は「明日」、

「私」は「私」を使う

注意！　「貴様」は尊敬語ではなく、「おまえ」と同様にとても失礼な表現です。
　　　　　絶対に使わないこと！

第9週 4日目 確認テスト

【問題1】 正しいほうに○をつけなさい。

1)「お口に合いますかどうか。」

「いいえ、たいへん (a. おいしゅう　b. おいしい) ございます。」

2) ドライアイスをお入れしましたが、なるべく早く (a. お食べください　b. お召しください)。

3) A社の高橋と申しますが、山川社長は (a. お戻り　b. 戻られ) でしょうか。

4) 打ち合わせは3時からに変更になったと、部長にお伝え (a. 願いますか　b. 願えますか)。

5) 本日の午後1時に (a. 高社　b. 御社) に伺います。

【問題2】 (　　　) に入る最も適当なものを一つ選びなさい。

1) 明日は休みをいただきますので、お手数ですが週明けに (　　　　　)。

　a. ご連絡いただきますか　　b. ご連絡願いますか

　c. ご連絡いただけますか

2) 北海道に (　　　　　) 際は、ぜひこちらにもお寄りください。

　a. おまいりの　　　　b. お越しの　　　　c. おうかがいの

3) 優先席の近くでは、携帯電話の電源は (　　　　　)。

　a. お切り願えます　　b. お切りください　　c. 切られてください

> ＊週明け……新しい一週間の始まり。ビジネス上は月曜日以降のこと

249ページで答えを確認！

得点　/8

(第9週3日目の解答)
問題1　1) b　2) b　3) b　4) b　5) a
問題2　1) バレエ教室に通わされた (使役受身)　2) 友達を怒らせてしまった (使役)
　　　3) にわか雨に降られた (受身)

第9週 5日目 敬語ー謙譲表現
けいご　けんじょうひょうげん

よく使われる謙譲表現で敬語をブラシュアップ！

お/ご～する

人のために何かをする時の表現。

Used when doing something for others.

为他人做事的时候的表现方式。

<例>
① この件につきましては、必ず私から先方にお伝えしておきます。
I will make certain to tell them about this matter.
关于这件事情，必定由我传达给对方。

② 資料は当方でお預かりしておりますので、ご都合のよろしい時にお立ち寄りください。

③ もし人手が足りない場合はお手伝いしますので、おっしゃってください。

POINT 「笑う」「感動する」などの感情表現や、「帰る」「行く」など動作の相手がいない動詞の場合には、この形は使えない

×今日は私、8時ごろにお帰りします。

～（さ）せていただく

相手に許可をもらう場合など、丁寧な表現として「～（さ）せていただく」がよく使われる。

A polite expression, ～（さ）せていただく, is often used on occasions such as when another person gives you permission to do something.

想得到对方的许可等时候，作为礼貌的表达方式常用「～（さ）せていただく」。

(1) ～させていただけますか / ～させていただいてもよろしいですか

<例> ① 体調が悪いので、申し訳ありませんが早退させていただいてもよろしいでしょうか。
I don't feel well, so may I please go home early?
非常抱歉，因为健康状态不好，请允许我早退，可以吗？

② このプロジェクトは私に担当させていただけませんか。

(2) ～させていただきたく～　　書き言葉

<例> ① 今月末をもちまして退社させていただきたく、ここにお願い申し上げます。
Please accept my resignation from your organization, effective at the end of this month.
我打算在这个月底辞职，请各位多多关照。

② ぜひ貴社に入社させていただきたく、職務経歴書を同封した次第です。

その他

こんな表現も、試験直前にチェックしておきましょう！

（1）申し上げます

「申します」は特に相手を限定しない「言います」の謙譲語、「申し上げます」は特定の目上の人に何かを伝える時の表現。

申します is a humble form of 言います to unspecified others, and 申し上げます is an expression to tell something to a specific superior.

「申します」是「言います」的谦让语，没有特殊的对象，而「申し上げます」是对长辈说话时候使用。

<例>
① 先生におかれましては、ますますご健勝のこととお慶び申し上げます。
   I'm glad to hear that you are enjoying your continued good health.
   衷心祝愿老师健康。
② 本日中にご連絡くださいますよう、お願い申し上げます。
③ 当病院では、患者様からの贈答品はご遠慮申し上げます。

（2）ちょうだいする

「頂戴する」は目上の人から何かをもらうという意味だが（例①）、話し言葉で「ください」の意味でもよく使われ、主に子どもや女性が使用する（例②③）。

頂戴する means that one is given something from a superior (Ex. 1); however, it is also commonly used to mean ください in the spoken language, mainly by children and women (Ex. 2, 3).

「頂戴する」是从长辈那里领受什么的意思，（例①），在口头话中经常当作「ください」的意思来使用，尤其是小孩和女性中使用得多（例②③）。

<例>
① 先生にちょうだいした北海道のお菓子は、甘さもちょうどよく上品な味だった。
   The sweet snack that the teacher brought me from Hokkaido had a sophisticated flavor with just the right degree of sweetness.
   老师给的北海道点心，口感甜而不腻，极有品位。
②「ねえ、お母さん。本を買うから1000円ちょうだい。」「えっ、また？」
③「ごはんだから、テーブルの上、片付けてちょうだい。」「はーい。」

確認テスト

【問題1】 正しいほうに○をつけなさい。

1) 恐縮ですが、ここからは日本語で（a. 説明されて　b. 説明させて）いただきます。
2) 今から館内をご案内（a. いたします　b. してあげます）ので、こちらへどうぞ。
3) 放送中に不適切な表現がございましたことを、おわび（a. 申します　b. 申し上げます）。
4) 近いうちに先生に（a. お目にかかれたい　b. お会いしたい）んですが。
5) その件は、私から部長に（a. お伝えして　b. お伝えになって）おきます。

【問題2】 （　　　）に入る適当な表現を □ から選びなさい。
※同じ表現は一度しか使えません。

| 申し上げます | 申します | いたします |
| なさいます | 願います | 願えます |

1) こちらの手違いでご迷惑をおかけしました。お詫び（　　　　　　）。
2) 部長がお戻りになりましたら、山下から電話があったとお伝え（　　　　　　）。
3) 私でよろしければ、何かお手伝い（　　　　　　）。

＊手違い……予定とは違い、ミスなどで物事がうまく進まないこと

得点　/8

（第9週4日目の解答）
問題1　1) a　2) a　3) a　4) b　5) b
問題2　1) c　2) b　3) b

索引

【あ】
- 相まった …… 50
- 相まって …… 50
- あたらない …… 167
- あって …… 27
- あって …… 131
- ～あっての …… 108
- あやうく～ところだった …… 176
- あるまいし …… 74
- あれ …… 126
- あれ～であれ …… 126
- あれば …… 109
- あろう …… 64

【い】
- いい～といい …… 121
- いうところだ …… 80
- いうもの …… 60
- いえども …… 116
- いかに～か …… 177
- ～いかんだ …… 114
- ～いかんで …… 114
- ～いかんでは …… 114
- ～いかんにかかわらず …… 115
- ～いかんによって …… 114
- ～いかんによっては …… 114
- ～いかんによらず …… 115
- いかんを問わず …… 115
- いざ～となると …… 178
- いざしらず …… 75
- 至って …… 28
- 至っては …… 28
- 至っても …… 28
- 至り …… 148
- 至る …… 28
- 至るまで …… 28
- 一概に（は）～ない …… 180
- いったところだ …… 80
- いったらありはしない …… 170
- いったらありゃしない …… 170
- いったらない …… 170
- いわず～といわず …… 122
- 言わせれば …… 220

【う】
- うが …… 124
- うが～まいが …… 125
- うと …… 124
- うと～まいと …… 125
- うにも～ない …… 164

【お】
- お～する …… 246
- お～になる …… 242
- おいて …… 112
- おかない …… 152
- 思いきや …… 63
- おろか …… 143

【か】
- かかわる …… 51
- 限ったことではない …… 221
- 限らない …… 217
- ～かぎりだ …… 146
- 限りに …… 35
- ～が最後 …… 34
- ～かたがた …… 22
- かたくない …… 159
- がため …… 137
- がために …… 137
- がための …… 137
- ～かたわら …… 23
- ～がてら …… 24
- ～かというと（～ない） …… 181
- かなわない …… 204
- ～が早いか …… 16

〜からある	58
からというもの	30
からの	58
皮切りとして	31
皮切りに	31
皮切りにして	31

【き】
きたら	86
機に	32
きまって〜	215
〜きらいがある	38
きりがない	227
きれない	211
〜きれるものではない	211
〜極まりない	147
〜極まる	147
極み	149
禁じ得ない	155

【く】
〜ぐらい（くらい）なら	182

【こ】
越したことはない	222
ご〜する	246
こそ	94
こそ	95
〜こそあれ	92
〜こそすれ	93
〜ごとき	59
〜ごとく	59
〜ことだし	184
〜こととて	130
〜ことなしに	102
〜ことなしには	102
ことにする	192
〜ことはないにしても	185

ご〜になる	242

【さ】
最後	34
差し支えない	210
さすがの〜も	186
〜（さ）せていただく	247
さぞ〜（こと）だろう	187
さることながら	144

【し】
して	71
じまいだ	190
〜しまつだ	158
〜じゃあるまいし	74

【す】
〜ずくめ	39
〜ずじまいだ	190
〜ずにはおかない	152
〜ずにはすまない	153
すまない	153
〜すら	98
〜そうにない	191
〜そうもない	191

【そ】
即した	52
即して	52
即しては	52
即しても	52
〜そばから	17
それまでだ	160

【た】
たえない	82
たえる	81
〜たことにする	192

ただ〜のみ	103
ただ〜のみならず	104
〜たつもりだ	193
〜たつもりだった	193
〜たところで	68
〜だに	99
〜だの〜だの	120
〜た拍子に	197
〜たらそれまでだ	160
〜たら〜たで	196
〜たりとも	100
〜たる	62
足る	83

【つ】
〜つ〜つ	45
〜っぱなし	44
つもりだ	193
つもりだった	193

【て】
〜であれ	126
〜であれ〜であれ	126
〜てからというもの	30
〜てこそ	94
〜ですら	98
てっきり〜かと思った	198
〜てでも	199
〜でなくてなんだろう	165
〜でなくてなんであろう	165
〜て何よりだ	202
〜ではあるまいし	74
〜てはかなわない	204
〜ては…、〜ては…	203
〜手前	206
〜てまで	207
〜てみせる	208
でも	199

〜ても…きれない	211
〜ても差し支えない	210
〜ても始まらない	212
〜てやまない	154

【と】
〜と相まって	50
〜とあって	131
〜とあれば	109
〜といい〜といい	121
というと（〜ない）	181
〜というところだ	80
〜というもの	60
〜というよりむしろ	214
〜といえども	116
〜といったところだ	80
〜といったらありはしない	170
〜といったらありゃしない	170
〜といったらない	170
〜といわず〜といわず	122
〜と思いきや	63
〜ときたら	86
〜ときまって〜	215
ところだった	176
ところで	68
〜ところを	26
〜としたって	69
〜としたところで	69
として	233
とする	233
とどまらず	140
となると	178
〜とは	87
〜とはいえ	70
〜とばかりに	136
〜とみられる	216
〜ともあろう	64
〜ともなく	54

〜ともなしに …………………	54
〜ともなると …………………	65
〜ともなれば …………………	65

【な】
〜ないではおかない …………	152
〜ないではすまない …………	153
〜ないでもない ………………	166
〜ないとも限らない …………	217
ないにしても …………………	185
〜ないまでも …………………	110
〜ないものでもない …………	166
〜ながらに ………………………	46
〜ながらの ………………………	46
〜ながらも ………………………	47
〜なくして（は） ……………	105
〜なしに ………………………	106
〜なしには ……………………	106
何よりだ ………………………	202
〜ならいざしらず ……………	75
〜ならでは ……………………	76
〜ならではの …………………	76
〜なり …………………………	18
〜なり〜なり …………………	127
〜なりに ………………………	77
〜なりの ………………………	77
なると …………………………	65
なれば …………………………	65
なんだろう ……………………	165
なんであろう …………………	165
なんの …………………………	223

【に】
〜にあたらない ………………	167
〜にあって ……………………	27
〜に至って ……………………	28
〜に至っては …………………	28
〜に至っても …………………	28

〜に至る ………………………	28
〜に至るまで …………………	28
〜に言わせれば ………………	220
〜にかかわる …………………	51
〜に限ったことではない ……	221
〜にかたくない ………………	159
〜に越したことはない ………	222
〜にしたって …………………	69
〜にしたところで ……………	69
〜にして ………………………	71
〜に即した ……………………	52
〜に即して ……………………	52
〜に即しては …………………	52
〜に即しても …………………	52
〜にたえない …………………	82
〜にたえる ……………………	81
〜に足る ………………………	83
〜にとどまらず ………………	140
〜にはあたらない ……………	167
〜にひきかえ …………………	141
〜にもまして …………………	142

【の】
〜の至り ………………………	148
〜の極み ………………………	149
〜のなんの（って） …………	223
のみ ……………………………	103
のみならず ……………………	104
〜のももっともだ ……………	226

【は】
〜はおろか ……………………	143
ばかりだ ………………………	138
ばかりに ………………………	136
ばかりに ………………………	138
ばかりの ………………………	138
〜ばきりがない ………………	227
〜ばこそ ………………………	95

始まらない ……………………… 212
〜ばそれまでだ ……………… 160
ぱなし …………………………… 44
早いか …………………………… 16

【ひ】
ひきかえ ……………………… 141
ひとり〜のみ ………………… 103
ひとり〜のみならず ………… 104
拍子に ………………………… 197

【へ】
〜べからざる ………………… 171
〜べからず …………………… 171
〜べく ………………………… 132
〜べくもない ………………… 229
経て …………………………… 236

【ほ】
〜ほうがましだ ……………… 228

【ま】
〜まいとして ………………… 230
〜まじき ……………………… 88
ましだ ………………………… 228
まして ………………………… 142
まで …………………………… 207
〜までだ ……………………… 161
〜までのことだ ……………… 161
〜までもない ………………… 111
〜までもなく ………………… 111
〜まま ………………………… 232
〜ままに ……………………… 232
〜まみれ ……………………… 40

【み】
みせる ………………………… 208
みられる ……………………… 216

【む】
むしろ ………………………… 214

【め】
〜めいた ……………………… 41
〜めく ………………………… 41

【も】
〜もさることながら ………… 144
もって ………………………… 36
もってすれば ………………… 117
もっともだ …………………… 226
ものだ ………………………… 234
ものでもない ………………… 166
〜ものとして ………………… 233
〜ものとする ………………… 233
ものともせず ………………… 55
〜ものを ……………………… 89

【や】
〜や …………………………… 19
〜や否や ……………………… 19
やまない ……………………… 154

【ゆ】
〜ゆえ ………………………… 133
〜ゆえに ……………………… 133
〜ゆえの ……………………… 133

【よ】
〜（よ）うが ………………… 124
〜（よ）うが〜まいが ……… 125
〜（よ）うと ………………… 124
〜（よ）うと〜まいと ……… 125
〜（よ）うにも〜ない ……… 164
余儀なくさせる ……………… 172
余儀なくされる ……………… 173
よく（も）〜ものだ ………… 234

254

〜よし ……………………… 235
よそに ……………………… 56

【ら】
〜られる …………………… 243

【れ】
〜れる ……………………… 243

【を】
〜をおいて ………………… 112
〜を限りに ………………… 35
〜を皮切りとして ………… 31
〜を皮切りに ……………… 31
〜を皮切りにして ………… 31
〜を機に …………………… 32
〜を禁じ得ない …………… 155
〜を経て …………………… 236
〜をもって ………………… 36
〜をもってすれば ………… 117
〜をものともせず ………… 55
〜を余儀なくさせる ……… 172
〜を余儀なくされる ……… 173
〜をよそに ………………… 56

【ん】
〜んがため ………………… 137
〜んがために ……………… 137
〜んがための ……………… 137
〜んばかりだ ……………… 138
〜んばかりに ……………… 138
〜んばかりの ……………… 138

45日間で完全マスター
日本語能力試験対策　N1 文法総まとめ
Preparation for The Japanese Language Proficiency Test

2012年 2月10日　第1刷発行
2025年 2月10日　第13刷発行

著　者	山田光子
監　修	遠藤由美子
発行者	前田俊秀
発行所	株式会社三修社
	〒150-0001　東京都渋谷区神宮前 2-2-22
	TEL　03-3405-4511　FAX　03-3405-4522
	振替　00190-9-72758
	https://www.sanshusha.co.jp
	編集担当　藤谷寿子
編集協力	浅野未華
カバーデザイン	大郷有紀（株式会社ブレイン）
DTP	小林菜穂美
印刷製本	倉敷印刷株式会社

© 2012 ARC Academy　Printed in Japan　ISBN978-4-384-05685-3 C2081

JCOPY 〈出版者著作権管理機構 委託出版物〉
本書の無断複製は著作権法上での例外を除き禁じられています。複製される場合は、そのつど事前に、出版者著作権管理機構（電話 03-5244-5088 FAX 03-5244-5089 e-mail: info@jcopy.or.jp）の許諾を得てください。